LEONARDO
DE CHIRICO

Dile a tu AMIGO CATÓLICO

LEONARDO
DE CHIRICO

Dile a tu AMIGO CATÓLICO

Cómo tener conversaciones sobre el evangelio con amor

B&H
ESPAÑOL®
BRENTWOOD, TENNESSEE

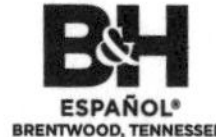

Dile a tu amigo católico:
Cómo tener conversaciones sobre el evangelio con amor

B&H Publishing Group
Brentwood TN, 37027

Diseño de portada: Micah Kandros Design.

Imágenes portada: Vector Tradition, Richard Laschon,
YummyBuum/Shutterstock.

Clasificación decimal Dewey: 248.5
Clasifíquese: CATÓLICOS \ TESTIGO \
TRABAJO EVANGELISTA

ISBN: 979-8-3845-1516-6

Impreso en EE. UU.
1 2 3 4 5 * 30 29 28 27 26

Contenido

Introducción

Permíteme presentarte a algunos de mis amigos.[1] Giulio es profesor de secundaria, muy apreciado por alumnos y colegas por sus conocimientos académicos y su agudeza mental. Todos los domingos, va a misa y, si le preguntaran, se identificaría sinceramente como católico. Es políticamente activo como activista de izquierda, muy partidario de todas las batallas que tienen que ver con los «derechos», por ejemplo, de la comunidad LGBTQ+ y de los inmigrantes. Le intrigaba la perspicacia intelectual del papa Benedicto XVI, pero no le gustó su postura conservadora sobre los valores no negociables. Durante la semana, asiste a clases de yoga y, en su departamento, enciende velas compradas en la tienda local de nueva era para evitar la entrada de espíritus malignos. De vez en cuando, participa de clases dirigidas por un monje católico para mejorar su meditación trascendental.

María Pía es una señora mayor, dulce y generosa. Participa semanalmente en la parroquia católica local. Entre los vecinos, es conocida como una persona religiosa y devota. En su casa tiene imágenes de santos y de Nuestra Señora (la Virgen), a la que reza con regularidad. Hace poco, a mi esposa le dolía la garganta y al contarle sus molestias, María Pía sacó del armario de la cocina una botellita de aceite de oliva que había sido bendecida en un santuario dedicado a San Blas, el patrón de las gargantas. Insistió en que mi mujer mojara el dedo en él y se diera un masaje en la garganta para curarse. En el mundo de María, cuando siente necesidad de algo, acude a los santos y a María en busca de ayuda. Dice que es lo que le enseñó su madre y lo que la Iglesia la anima a seguir haciendo.

Giacomo es un médico voluntario de una organización católica de ayuda a los pobres y los indigentes. Va a misa todos los días, y a menudo lleva gente con él, sabiendo que en la eucaristía, se «encontrarán» realmente con Cristo. Admira al papa Francisco y su llamamiento a ser una iglesia orientada hacia el exterior y comprometida con la misión. Lleva un ejemplar del Nuevo Testamento en el bolso, y su jornada está salpicada de oraciones a la Virgen. Cuando piensa en las religiones en general, Giacomo es de mente abierta. Cree que todas las personas, especialmente los pobres, son de un modo u otro receptores de la gracia divina, profesen o no a Jesucristo como su Salvador y Señor, reciban o no los sacramentos, sea cual sea su religión. Cree que «todos somos hermanos».

¿Qué tienen en común estos amigos? Aparte de ser mis amigos de Roma, todos son católicos romanos. Todos están bautizados en la Iglesia romana, todos participan de sus sacramentos, todos tienen un sentimiento de pertenencia a ella que está muy entrelazado con su identidad. Sí, llevan a cabo su vida religiosa de diferentes maneras. Cuando se los observa en su vida cotidiana, creen cosas diferentes y expresan lo que es más importante para ellos de diversas formas. Sin embargo, a la pregunta: «¿Cuál es tu religión», todos responderían sin vacilar: «Catolicismo romano». Son diferentes, pero tienen una identidad común. Con distintos niveles de intensidad e integridad, el catolicismo romano marca su profundo sentido de identidad. Con ellos mantengo continuas conversaciones sobre el evangelio, e intento comunicarles la buena nueva de Jesucristo. Esta tarea no es fácil, pero vale la pena.

Estoy seguro de que mi experiencia no es única. Todos conocemos a personas que profesan ser católicas romanas. Pueden ser amigos, colegas, familiares o vecinos. Pueden ser practicantes o nominales. Puede que estén desconectados de su iglesia o que se tomen en serio su lealtad a ella. Tal vez estén interesados en iniciar una conversación «espiritual» o sean indiferentes hacia lo religioso. Pueden ser progresistas o conservadores. Pueden ser coherentes con lo que profesan creer o tener su propio sistema de creencias tipo «ensalada de frutas», en el que se combinan elementos del catolicismo romano con religiones orientales o prácticas laicas. Esto quiere decir que los católicos romanos pueden ser personas muy diferentes. ¿Cómo podemos comunicarles el evangelio?

Soy pastor en Roma desde hace quince años. Antes de venir a Roma, siempre ejercí mi ministerio en un contexto mayoritariamente católico en Italia, participando de la vida de la iglesia, la evangelización, el discipulado y la formación. En mi trabajo más académico, el catolicismo romano ha sido el tema que más he estudiado y sobre el que más he escrito. Esto quiere decir que tratar con amigos, vecinos, libros y cultura (teología y práctica) católicos ha sido el privilegio y el desafío de toda mi vida.

En la ciudad donde la Santa Sede tiene su centro y donde se encuentra el corazón de la Iglesia Católica Romana, el ministerio evangélico es tan duro como en cualquier otro lugar, con sus características únicas. Históricamente hablando, Roma fue moldeada por la Contrarreforma, es decir, la oposición a la Reforma protestante. El evangelio al que ha estado expuesta la ciudad es borroso y confuso. La lectura personal de la Biblia estaba prohibida, el control de la Iglesia sobre la sociedad era obsesivo, la forma en que la gente vivía su fe estaba y sigue estando llena de elementos antibíblicos. Además, la ola moderna de laicismo ha añadido otra capa de escepticismo, lo que hace que la resistencia sea aún mayor.

Roma es aún más singular porque, aquí, la Iglesia católica es también un Estado político (el Vaticano), mezclando así religión y poder. Roma se parece a la ciudad de Éfeso descrita en Hechos 19, donde el templo y los negocios estaban entrelazados en una astuta alianza. Los edificios eclesiásticos, las artes, las instituciones y las escuelas eclesiásticas están por todas partes. Sin embargo, el cristianismo bíblico está oscurecido. El catolicismo estándar en Roma se caracteriza profundamente por la devoción mariana y otras devociones más que por cualquier otra cosa. Aquí, el catolicismo romano está tan arraigado culturalmente (por ejemplo, los lazos familiares, la nacionalidad) que resulta indistinguible de identidades personales y sociales profundamente sentidas. El clima cultural es escéptico, por lo que existen oportunidades para introducir el evangelio basándose en el círculo virtuoso de la proclamación del evangelio, el testimonio personal y la vida eclesial. Esta última es clave para este objetivo, porque une el creer y el pertenecer, el anuncio y el servicio, lo personal y lo comunitario, la contextualización creativa y la obediencia a la Palabra de Dios. Por el camino, creo que aprendí algunas lecciones sobre cómo hacerlo, aunque todavía estoy aprendiendo.

Por eso escribí este libro: para ayudar a personas como tú que ya están evangelizando a los católicos o desean hacerlo, pero no saben cómo o por dónde empezar. Este libro te ayudará en tu intento de dar testimonio a tus amigos católicos. No proporcionará todas las respuestas, pero esperamos que sea una herramienta útil para luchar con las alegrías y los desafíos de ser embajadores de Cristo ante los católicos que viven a tu alrededor.

¿En qué sentido este libro será un recurso? Esperemos que de forma cuádruple, como indica este resumen de los capítulos.

En primer lugar, esbozará un mapa histórico, teológico y espiritual del catolicismo romano: qué es, de dónde procede y en qué se diferencia del cristianismo bíblico. Si nos encontramos con personas que se identifican como católicos romanos, es importante tener una visión a vuelo de pájaro de la realidad milenaria y, sin embargo, contemporánea del catolicismo romano: su perspectiva institucional, su marco doctrinal, su sistema sacramental, sus prácticas devocionales y su difusión mundial. No todos los católicos romanos tienen la misma comprensión de su propio mundo religioso, pero todos participan de él en algún sentido. Para poder presentarles el evangelio, al menos debemos ser conscientes de lo que hace que el catolicismo romano sea lo que es. Además, la complejidad de las diversas vertientes y caras regionales del catolicismo romano puede conducir fácilmente a una apreciación parcial y selectiva de lo que está en juego desde el punto de vista del evangelio. El capítulo 1 ofrecerá una breve definición del catolicismo romano y también explicará por qué, bíblicamente hablando, no es una denominación cristiana más, sino más bien una desviación del cristianismo bíblico.

En segundo lugar, el libro abordará el desafío al que nos enfrentamos al presentar el mismo evangelio bíblico a distintos tipos de católicos. Cuando nos relacionamos con nuestros amigos católicos, estamos hablando con personas que, aunque en general se sienten cómodas identificándose con el catolicismo romano, encarnan esa asociación de múltiples maneras. No existe una única manera de experimentar y manifestar la fe católica romana. Cada historia es diferente porque cada persona es única. A pesar de esta realidad, no hay que perder de vista que, bíblicamente hablando, en última instancia estamos en Cristo o fuera de Cristo. O nacemos de nuevo o no. Es importante ser conscientes de los diferentes tipos de católicos y adaptar nuestro testimonio en consecuencia, aunque tenemos el mismo evangelio que compartir con las personas espiritualmente perdidas. Las personas no se salvarán por ser católicos tradicionales, folclóricos, carismáticos o laicos, sino por nacer de nuevo solo por la fe en Cristo. Esto es lo que realmente importa.

En tercer lugar, nuestro viaje continuará explorando actitudes y marcos útiles que puedan facilitar las conversaciones evangélicas con nuestros amigos católicos. Se hará referencia a las «gramáticas de expiación» de Tim Keller como narraciones evangélicas que pueden ser conectores útiles para las personas cuando compartimos el evangelio. A continuación, también se presentarán brevemente los «puntos magnéticos» de Dan Strange para comprobar su idoneidad para nuestros esfuerzos evangelizadores hacia los católicos. Al recoger la sabiduría de estas percepciones, sugeriré cuatro consejos para comunicar el evangelio que sean sensibles a los diferentes contextos e individuos. Mezclan convicciones evangélicas y buenas prácticas que surgen de mi estudio del catolicismo romano durante casi tres décadas y de mi propia experiencia en el testimonio evangélico a los católicos.

Finalmente, el último capítulo cerrará distintos hilos del libro planteando (y posiblemente respondiendo) preguntas frecuentes que surgen en nuestra relación con amigos católicos. ¿Podemos orar con ellos? ¿Es aconsejable unir esfuerzos en la acción común y la evangelización? ¿Qué ocurre si me llaman para dar una charla evangélica a un público mayoritariamente católico? ¿Qué preguntas se hacen con frecuencia los amigos católicos al responder al evangelio, y cuáles son las preguntas que se hacen los creyentes al dar testimonio a sus vecinos católicos? ¿Qué herramientas pueden ayudarnos en nuestras conversaciones con los católicos?

Quiero dedicar este libro a Paul y Gertrud Stilli. Se trata de la pareja de misioneros suizos (al servicio de la Operación Movilización) cuya historia se relatará brevemente en el capítulo 2. A finales de los años sesenta, llamaron a la puerta del apartamento de mi familia en Mantua, al norte de Italia, y les hicieron a mi padre y a mi madre dos sencillas preguntas que Dios utilizó para cambiar sus vidas y, en consecuencia, la mía (entonces yo era solo un niño). Llevaron el evangelio a nuestra casa, aunque su dominio del idioma era limitado. Les contaron a sus nuevos amigos católicos la buena nueva de Jesús. Su ejemplo de celo misionero en medio de la vulnerabilidad humana es lo que Dios utilizó para impactar mi vida. Con este libro, quiero animar a todos los creyentes a hacer lo que hicieron entonces: ¡díselo a tu amigo católico!

Capítulo 1

El catolicismo romano y el mundo en el cual viven tus amigos

Si queremos contarles a nuestros amigos católicos la buena nueva de Jesús, es importante que tengamos una idea de cómo es el catolicismo romano. ¿Es posible definir el catolicismo romano? ¿Es posible captar el corazón de la cosmovisión católica romana en una breve descripción? Obviamente, el «catolicismo romano» es un universo extremadamente rico y complejo. El riesgo de simplificación excesiva, cuando no de caricaturización, es siempre una trampa que hay que evitar.

La historia centenaria del catolicismo romano hace difícil comprender su impresionante trayectoria histórica. Su perspectiva doctrinal es el resultado de múltiples estratificaciones, y desafía las lecturas simplistas. Basta con echar un rápido vistazo al *Catecismo de la Iglesia Católica* de 1992 para descubrir un polifacético y matizado sistema de creencias y prácticas que conforman su cosmovisión espiritual. Sus devociones llegan a todas las esferas de la vida dando forma a todo el recorrido humano, desde el nacimiento hasta la muerte. Su realidad global abarca una enorme variedad de pueblos y tradiciones, lo que la convierte en un verdadero cuerpo «católico», universal. Al mismo tiempo, sin embargo, el elemento «romano» está orgánicamente ligado a él, vinculando todo el sistema a una estructura religiosa y política muy específica. Las instituciones eclesiásticas bien establecidas se entrelazan con movimientos dinámicos. El sistema católico romano no es estático ni monolítico, sino que existe en un proceso continuo de desarrollo, expandiéndose sin basarse en última instancia en la enseñanza de las Escrituras. Este es el mundo en el que viven nuestros amigos católicos.

1. Tres razones por las que el catolicismo romano está lejos del evangelio

El discurso presidencial de la Sociedad Teológica Evangélica es un barómetro útil para medir de dónde sopla el viento en la teología evangélica norteamericana. En 2021, el presidente Al Mohler dedicó su discurso en la 73ª convención anual en Fort Worth, Texas, a las tentaciones que enfrenta la teología evangélica contemporánea.[1] En opinión de Mohler, la teología evangélica actual se enfrenta a cuatro tentaciones: El fundamentalismo, el ateísmo, el catolicismo romano y el liberalismo. Estas palabras no deben ser tomadas a la ligera. La trayectoria de la teología evangélica no siempre ha sido pacífica; lo crucial es comprender los principales peligros que la rodean.

Lo más interesante de este libro es la inclusión, por parte de Mohler, del catolicismo romano como una de las principales tentaciones a las que se enfrentan los cristianos evangélicos. Durante siglos, el catolicismo romano fue considerado el antagonista teológico del cristianismo evangélico *por excelencia*. En las últimas décadas, sin embargo, esta percepción ha disminuido gradualmente y las líneas se han difuminado. Hoy en día, muchos evangélicos mantienen una percepción muy sentimental del catolicismo romano. Algunos lo confunden con una de las muchas denominaciones cristianas, quizás un poco más extraña que otras; otros, asustados por los crecientes desafíos de la secularización, ven en Roma un baluarte para defender los valores cristianos; otros, tal vez buscando legitimidad en la mesa ecuménica e interreligiosa, pasan por alto las diferencias teológicas para resaltar lo que parece unir a todos.

Que Mohler diga que el catolicismo romano es una tentación y, por tanto, un peligro del cual hay que cuidarse, es una señal de vigilancia espiritual. Indica que incluso en EE. UU. —donde la iniciativa Evangélicos y Católicos Unidos (confusa, en el mejor de los casos) está en marcha desde 1994[2] y donde las diferencias entre católicos y evangélicos se consideran cada vez más una cuestión de matices que de fondo— todavía es posible encontrar voces evangélicas que piden discernimiento teológico.

Las siguientes son algunas de las declaraciones de Mohler sobre el catolicismo romano:

1. «Ser evangélico es entender que una de las preguntas que siempre tendremos que responder es por qué no somos católicos».

Mohler argumenta, con razón, que ser evangélicos significa *no* ser católicos romanos. Las dos identidades se excluyen mutuamente. O somos una cosa o somos la otra. Las teologías y las prácticas evangélicas y católicas surgen de convicciones básicas diferentes sobre Dios, la Biblia, el pecado, la salvación, la vida cristiana, etc. Aunque utilizamos las mismas palabras, nos referimos a significados distantes, a veces opuestos. En los últimos años, del lado católico, algunos han querido argumentar que es posible ser «católicos evangélicos»,[3] combinando las dos identidades y haciéndolas compatibles. Mohler dice que no. O somos lo uno o lo otro, y si somos lo uno, no podemos ser lo otro. La tentación evangélica es adaptar la identidad evangélica, pero el resultado es negarla.

2. «Creo que ir a Roma es abandonar el evangelio del Señor Jesucristo. Creo que es unirse a una iglesia falsa basada en presupuestos falsos e idolátricos».

El catolicismo romano no es una de las muchas opciones posibles de iglesia para un creyente nacido de nuevo en Jesucristo que quiere crecer y permanecer fiel a la Palabra de Dios. Por el contrario, seguir el catolicismo romano es ir contra el evangelio en cierto sentido. El sistema de Roma es teológicamente defectuoso, y su «iglesia» es espiritualmente engañosa. Estas son palabras fuertes de Mohler, en contraste con el lenguaje «ecuménicamente correcto» tan común hoy en día. Sin embargo, son palabras verdaderas que hay que decir y repetir para evitar la tentación de descarriarse y descarriar también a los demás.

3. «Ser evangélico es reconocer que no tenemos respaldo. No tenemos alternativa. Solo nos queda la Biblia y la Biblia en su totalidad como Palabra de Dios».

Para algunos evangélicos, la estructura de autoridad de Roma es una tentación en la que pueden refugiarse. En un mundo en el que las instituciones tradicionales se tambalean (por ejemplo, la familia, las naciones, las religiones) y en el que todo está en constante perturbación, saber que existe un magisterio, un papa y un centro estable puede llegar a ser muy atractivo. La fe evangélica, dice Mohler, aunque forma parte de la historia de la iglesia fiel y aunque cultiva un sentido de pertenencia a la iglesia global, se somete en última instancia solo a las Escrituras. Una confianza inquebrantable en el Dios de la Palabra y, por tanto, en la Palabra de Dios, es constitutiva de la fe evangélica. Roma no es un sustituto para la falta de confianza en la Palabra de Dios y no debería ser un sustituto para aquellos cuya fe se fundamenta solo en Cristo basándose solo en las Escrituras.

2. Una breve definición del catolicismo romano

¿Qué podemos decir del catolicismo romano en su conjunto? En las últimas décadas, importantes pesos pesados de la teología católica romana han contribuido útilmente a la tarea de identificar el núcleo del catolicismo romano: pensemos en Karl Adam (*La esencia del catolicismo*, 1940),[4] Romano Guardini (*Von Wesen katholischer Weltanschauung*, 1924),[5] Henri de Lubac (*Catolicismo*, 2019),[6] Hans Urs von Balthasar (*In the Fullness of Faith: On the Centrality of the Distinctively Catholic* [En la plenitud de la fe: Sobre la centralidad de lo que es distintivamente católico], 1975),[7] Walter Kasper (*Iglesia católica*, 2013),[8] por nombrar algunos. La búsqueda de la esencia del catolicismo romano se siente profundamente dentro del propio catolicismo romano.

Las mejores mentes del catolicismo romano contemporáneo han intentado analizar qué es esencial para el catolicismo romano. ¿Qué puede decir la teología evangélica al respecto? ¿Podemos participar en el debate sobre la naturaleza del catolicismo romano mirando desde afuera? En tiempos marcados por la corrección ecuménica, ¿podemos decir algo que se atreva a ser bíblicamente crítico?

Las conversaciones evangélicas con amigos católicos se llevan mejor con transparencia y sinceridad. Es más respetuoso decir la verdad con amor que esconderla tras una pantalla de amabilidad que no aborda las cuestiones decisivas, aunque resulte doloroso hablar de ellas. Con gran aproximación y cierta valentía, dada la complejidad de la tarea, sugiero una definición provisional. Aquí la tienes:

> *El catolicismo romano es una desviación del cristianismo bíblico*
>
> *consolidado a lo largo de los siglos,*
>
> *reflejado en su institución imperial romana,*

basado en una teología antropológicamente optimista y una eclesiología anormal

definido por su sistema sacramental,

animado por el proyecto católico (universal) de absorber el mundo entero,

lo cual da lugar a una religión confusa y distorsionada.

Al sugerir esta definición, estamos abordando el catolicismo romano como sistema desde un punto de vista evangélico. No estamos tratando con personas católicas romanas (más sobre esto en la sección final del capítulo) ni con doctrinas y prácticas específicas.[9] Cada línea de la definición puede explicarse brevemente.

Una desviación del cristianismo bíblico

Esta definición contradice una narrativa bien establecida en la autocomprensión del catolicismo romano; a saber, que el catolicismo romano es, debido al mecanismo de la sucesión apostólica, la encarnación legítima y ortodoxa del cristianismo apostólico. Otros son cismáticos (ortodoxos orientales) o herejes (protestantes), que rompieron la línea ininterrumpida del catolicismo romano y se apartaron de su tronco. Tal y como argumentaron los reformadores protestantes del siglo XVI, esta lectura debe invertirse. El catolicismo romano no es el cristianismo bíblico en su forma original y apostólica, sino una desviación de este. Su desarrollo sacramental, jerárquico y devocional se consolidó en su estructura dogmática, la cual se alejó del evangelio. El catolicismo romano resulta ser una desviación endurecida en un sistema dogmático antibíblico (dogmas marianos, infalibilidad papal), entrelazado con un estado político (el Vaticano), con el que la iglesia no debe confundirse. La visión pública del catolicismo romano se parece más a la aspiración de un imperio que a la misión de la Iglesia de Jesucristo.

En su *Treatise on the True Church and the Necessity of Living in It* [Tratado sobre la verdadera Iglesia y la necesidad de vivir en ella], publicado en Ginebra en 1573, el reformador italiano Pedro Mártir Vermigli (1499-1562) defendió exactamente este punto: «Nosotros [los protestantes] no abandonamos la iglesia, sino que fuimos a la Iglesia».[10] La Reforma protestante fue necesaria para volver al evangelio que el sistema romano había corrompido. El cristianismo bíblico, nunca inactivo en la historia a pesar de la presencia de múltiples corrupciones, experimentó un nuevo florecimiento durante la Reforma y los posteriores avivamientos evangélicos.

Como desviación del cristianismo bíblico, el catolicismo romano ni siquiera es una denominación legítima. Dado que su sistema dogmático (desdibujado en puntos cruciales), su estructura institucional (con una entidad política en su núcleo) y sus prácticas devocionales (muchas tomadas del paganismo) se han apartado de la verdad del evangelio bíblico, la Iglesia católica romana no puede considerarse una denominación entre otras. Mientras que el cristianismo evangélico tiene normas bíblicas por las que acepta congregaciones reformadas, bautistas, metodistas, luteranas e independientes, entre otras, la Iglesia de Roma pertenece a otra categoría. Ninguna denominación tiene una cabeza religiosa y un líder político; ninguna denominación tiene dogmas irreformables con poca o ninguna evidencia bíblica; ninguna denominación tiene una estructura imperial como Roma. Por lo tanto, el catolicismo romano no es una denominación entre otras.

El catolicismo romano se basa en un mecanismo de sucesión institucional que ha garantizado la continuidad monárquica de un papa a otro mediante un sistema bien perfeccionado, pero en su falta de adhesión al evangelio de Jesucristo y de fidelidad a la Palabra de Dios, ha abrazado desviaciones que se han convertido en un sistema autorreferencial.

Consolidado a lo largo de los siglos

Además de ser una desviación del cristianismo bíblico, el catolicismo romano se ha consolidado a lo largo de los siglos. No existe una fecha de nacimiento del catolicismo romano, un momento preciso que coincida con su inicio. Más bien, hubo fases y transiciones históricas que han tenido un impacto particular en su desarrollo.

El «cambio constantiniano» del siglo IV fue uno de estos momentos clave. En ese siglo, el emperador Constantino concedió la libertad religiosa a los cristianos con el Edicto de Milán (313 d. C.). Sin embargo, también concedió beneficios financieros y sociales a la Iglesia hasta el punto de que perdió su independencia y se integró en el sistema imperial. El «cambio constantiniano» culminó con la promulgación del cristianismo como religión del Imperio romano por Teodosio I (380 d. C.). El cristianismo pasó a formar parte de lo que significaba ser ciudadano romano y los no cristianos fueron perseguidos. La Iglesia adoptó gradualmente una forma institucional romana, aumentando las pretensiones de poder del centro sobre las periferias. Fueron obispos romanos como Dámaso I y Siricio quienes asumieron el papel de papas, que se asemejaba al de un emperador eclesiástico. En lugar de ser líderes piadosos de la iglesia, los pastores pasaron a asociarse con grupos de interés político. Después de esta época crucial, las vestiduras imperiales adoptadas por la Iglesia romana nunca se dejaron de lado. Por el contrario, fueron legitimadas por una eclesiología que las ha considerado parte de la naturaleza divina de la Iglesia. El alejamiento de la forma bíblica de la Iglesia —formada por conversos a Jesucristo, que practican el sacerdocio de todos los creyentes, en redes de iglesias conectadas pero no dentro de una estructura jerárquica— fue gradual, progresivo y, trágicamente, irreversible para el catolicismo romano. Partiendo de las pretensiones de autoridad de Dámaso I y Siricio, Roma pasó a reclamar para sí las «dos espadas» del gobierno (espiritual y político) por Bonifacio VIII (1230-1303). Se tardó siglos en llegar al dogma de la infalibilidad papal de 1870, por el que el Papa era elevado a maestro infalible cuando hablaba ex cátedra (literalmente, «desde la silla», es decir, ejerciendo su magisterio). Desde los primeros desarrollos tras el «cambio constantiniano» hasta la perspectiva actual, la estructura de la Iglesia romana se ha convertido en imperial.

Otro momento decisivo en la historia católica romana fue el desarrollo y la recepción del título de María como «madre de Dios» (*theotokos*). El pronunciamiento de Éfeso (431 d. C.) que dio lugar a una explosión de mariología fue elevado dos veces al rango de dogma: en 1854, con el dogma de la inmaculada concepción de María, y en 1950, con el dogma de la asunción corporal de María. De un título destinado a apoyar la plena divinidad de Jesucristo, el catolicismo romano ha hecho de la mariología un pilar antibíblico de la práctica dogmática y devocional. Esta mariología repercute en las doctrinas católicas sobre Cristo, el Espíritu y la Iglesia; en definitiva, se extiende en cascada sobre toda la fe católica. Esta heterodoxia ha hecho que el catolicismo romano sea permeable a la absorción de elementos paganos.

Un tercer momento crucial fue el Concilio de Trento (1545-1563), cuando la Iglesia de Roma rechazó oficialmente el mensaje de la Reforma protestante, anatematizando el llamamiento a volver al evangelio bíblico de la salvación solo por la fe y solo en Cristo, basado únicamente en la enseñanza de las Escrituras. El catolicismo «tridentino», es decir, el catolicismo romano relanzado en Trento, ha engrosado el alejamiento romano del cristianismo bíblico, endureciéndolo y haciéndolo más reacio a escuchar los llamamientos de la Reforma; de hecho, ha consolidado sus compromisos no bíblicos en todos los ámbitos de la teología cristiana, desde la doctrina de la salvación hasta la de la Iglesia, desde la cristología hasta la espiritualidad.

Por último, la larga parábola de digresiones no puede omitir la última milla de la historia del catolicismo romano, la época posterior al Concilio Vaticano II (1962-1965). Sin negar nada de su pasado, la Iglesia romana ha actualizado y desarrollado su doctrina y su práctica de forma dialogante, absorbente y abarcadora, pero no purificadora. Toda la estructura romana del pasado se ha reafirmado yuxtaponiéndola a un perfil «católico»: suave, ecuménico, abierto a absorberlo todo y a todos. Para muchos, los cambios introducidos por el Vaticano II parecían un verdadero punto de inflexión; en realidad, no era más que otra etapa en la tendencia egocéntrica de un sistema que no quiere reformarse según la Palabra de Dios, sino relanzarse en una nueva fase histórica sin perder ninguno de sus postulados antibíblicos.

Reflejado en su institución imperial romana

La Iglesia católica romana se presenta como una institución jerárquica y vertical, dividida entre una clase restringida de clérigos y una gran masa de laicos. El sacramento del orden se reserva a los primeros, junto con la enseñanza y la autoridad de gobierno, mientras que los segundos quedan relegados a un papel sacramentalmente marginal como ejecutores. Esta división entre una gran base de laicos y un pequeño círculo de clérigos va en contra de la naturaleza bíblica de la Iglesia, que es un cuerpo formado por varios miembros, todos bajo una misma cabeza, que es Cristo, y a Su servicio. La misma estructura jerárquica se encuentra dentro de la clase de los clérigos, dividida entre párrocos, obispos, arzobispos y papas, todos en línea jerárquica. Esta impronta en la institución eclesial no es bíblica, sino imperial. Refleja la cultura imperial romana y su concepto del ejercicio del poder, que han forjado decisivamente la estructura de la Iglesia de Roma.

El papado es la institución que mejor refleja el origen imperial.[11] Ni siquiera las lecturas más generosas del papel de Pedro en la iglesia primitiva, tal como se describe en el

Nuevo Testamento, pueden justificar la aparición del papado como cargo apical de la Iglesia. En cambio, el papado se asemeja al cargo del emperador, transpuesto a una institución religiosa. Muchos títulos papales son traducciones eclesiásticas de títulos imperiales. Pensemos, por ejemplo, en «sucesor del príncipe de los apóstoles (es decir, Pedro)», «sumo pontífice de la Iglesia universal», «primado de Italia» y «soberano del estado de la ciudad del Vaticano». Son títulos imperiales. Son roles políticos. En el lenguaje utilizado y en la cultura que subyacen, estos títulos se deben a la política del Imperio romano, no al ejercicio de la responsabilidad en la Iglesia según el evangelio. ¿Dónde habla la Biblia de un jefe humano de la Iglesia que sea «príncipe», «pontífice», «primado», incluso «soberano» de un estado? Es evidente que estamos en presencia de una transposición de títulos ajenos a la Iglesia de Jesucristo porque derivan de la ideología política de un imperio humano.

Piensa en cómo el reciente *Catecismo de la Iglesia Católica* (1992) define y describe el papel del papa romano. En el párrafo 882, dice: «El romano pontífice, por su condición de vicario de Cristo y pastor de toda la Iglesia, tiene potestad plena, suprema y universal sobre toda la Iglesia, potestad que puede ejercer siempre sin impedimento alguno».[12] Potestad plena, suprema y universal: se trata de un poder imperial no definido por la Escritura, que, por el contrario, limita todos los poderes dentro y fuera de la Iglesia. Ver párrafo 937, donde se lee: «El papa goza, por institución divina, de la potestad suprema, plena, inmediata y universal en el cuidado de las almas».[13] Se sigue hablando de poder y definiéndolo en términos imperiales, ¡excepto para atribuirlo a la voluntad divina!

El papado es hijo de una concepción imperial, en cuya cúspide está el emperador (papa) rodeado por un senado de aristócratas (cardenales y obispos) que gobiernan a hombres libres (sacerdotes) y a una masa de esclavos (laicos). El catolicismo romano asumió la estructura imperial y la reprodujo en su propia autocomprensión y organización interna. La tragedia es que también revistió esta estructura imperial con un imprimátur divino, como si descendiera directamente de la voluntad de Dios, haciéndola inmutable. Cualquier intento de justificar bíblicamente la estructura imperial de la iglesia es una ocurrencia tardía, tratando, en vano, de ver al catolicismo romano como el desarrollo orgánico de la iglesia del Nuevo Testamento. En cambio, la Iglesia de Roma es hija del Imperio romano. Cuando cayó el imperio, de sus cenizas surgió la estructura eclesiástica que ha perpetrado su ideología durante siglos, hasta nuestros días.

Basado en una teología antropológicamente optimista y una eclesiología anormal

En la base de la teología católica romana, se encuentran una teología antropológicamente optimista y una eclesiología anormal, los dos ejes principales de todo el sistema teológico católico romano.

El primer eje se refiere a la relación entre la naturaleza y la gracia o, como útilmente la denominó Gregg Allison en su libro *Roman Catholic Theology and Practice: An Evangelical Assessment* [Teología y práctica católica romana: Una valoración evangélica],[14] la «interdependencia entre naturaleza y gracia». El catolicismo romano reconoce la creación de Dios (la naturaleza) y tiene un sentido de la gracia de Dios. La naturaleza existe, así como la gracia divina existe en relación con ella. Lo que falta en este esquema es una comprensión bíblica, y por tanto realista, del pecado. En una cosmovisión bíblica, al primer acto de la creación le sigue el segundo, la ruptura del pacto entre Dios y la humanidad causada por el pecado. Este segundo acto tiene efectos devastadores y en cascada sobre toda la vida. El catolicismo romano, aunque mantiene una doctrina del pecado, no tiene una bíblicamente radical. Aunque considera el pecado una enfermedad grave, no lo considera la muerte espiritual. Para el catolicismo romano, la naturaleza, antes y después del pecado, es siempre *capax dei* (es decir, capaz de Dios), intrínseca y constitutivamente abierta a la gracia de Dios.

Por esta razón, el catolicismo romano ha sido infiltrado por una actitud que confía en la capacidad de la naturaleza para objetivar la gracia (el pan que se convierte en el cuerpo de Cristo, el vino que se convierte en la sangre de Cristo, el agua del bautismo y el aceite de la unción que transmiten gracia), en la capacidad de la persona para cooperar y contribuir a la salvación con sus propias obras, en la capacidad de otras religiones para ser caminos hacia Dios, en la capacidad de la conciencia para ser el punto de referencia de la verdad, en la capacidad del papa para hablar infaliblemente cuando lo hace ex cátedra. En términos teológicos, de acuerdo con esta visión, la gracia interviene para elevar la naturaleza a su fin sobrenatural, presuponiendo su capacidad incontaminada de ser elevada. Aun si está debilitada por el pecado, la naturaleza mantiene su habilidad de interactuar con la gracia, porque la gracia está grabada de manera indeleble en la naturaleza. El catolicismo romano no hace distinción entre gracia común (con la cual Dios protege al mundo del pecado) y gracia especial (con la cual Dios salva al mundo). Por lo tanto, está impregnado de una creencia optimista de que todo lo que es natural puede ser agraciado.

El segundo eje de la teología católica romana trata de la relación entre Cristo y la Iglesia. En términos de Allison, es la «interconexión entre Cristo y la Iglesia». El catolicismo romano enseña que, después de la ascensión del Jesucristo resucitado a la diestra del Padre, en cierto sentido, Cristo está realmente presente en Su «cuerpo místico» (la iglesia), que está inseparablemente conectado con la institución jerárquica y papal de la Iglesia romana. Para el catolicismo romano, la encarnación de Cristo no terminó con la ascensión, sino que se prolonga en la vida sacramental, institucional y didáctica de la iglesia. La Iglesia romana ejerce los oficios reales, sacerdotales y proféticos de Cristo en un sentido real: a través de los sacerdotes que actúan *in persona Christi*; la iglesia gobierna el mundo, dispensa gracia y enseña la verdad.

Las prerrogativas de Cristo se transponen entonces a la iglesia: el poder de la iglesia es universal, los sacramentos de la iglesia transmiten gracia *ex opere operato* (por el hecho de ser promulgados), el magisterio de la iglesia es siempre verdadero. La distinción bíblica entre cabeza del cuerpo (Cristo) y miembros de Su cuerpo (iglesia) se confunde en la categoría católica romana de *totus Christus* (el Cristo total que incluye ambas cosas). Las consecuencias de esta confusión contaminan la forma en que la Iglesia se concibe a sí misma y su funcionamiento. La iglesia mística-sacramental-institucional-papal se concibe de una manera inflada y anormal.

El catolicismo romano funciona dentro de estos dos ejes; el optimismo subyacente basado en la interdependencia entre la naturaleza y la gracia se corresponde con el rol principal de la institución romana basado en la interconexión entre Cristo y la iglesia.

Definido por su sistema sacramental

El sistema sacramental es la verdadera infraestructura operativa del catolicismo romano. La sacramentalidad remite a la idea de «mediación»: puesto que la naturaleza es intrínsecamente capaz de ser elevada por la gracia, esta no se recibe de forma inmediata o externa, sino siempre a través de un vehículo. La gracia divina se comunica a la naturaleza a través de los sacramentos. Desde el punto de vista sacramental católico romano, la gracia del bautismo se imparte con el agua, la de la extremaunción con aceite, la de la ordenación con la imposición de manos, y la gracia de la eucaristía con el pan y el vino consagrados. La gracia no puede recibirse solo por la fe, sino siempre a través de un elemento natural impartido por la iglesia, que actúa en nombre de Cristo y lo transforma de elemento meramente natural a la «presencia real» de la gracia divina.

Por lo tanto, hay dos elementos necesarios para el sacramento católico romano: un elemento físico y la agencia de la iglesia, que se cree que tiene la tarea de transfigurar la materia e impartir la gracia. La interdependencia entre naturaleza y gracia significa que la gracia entra en la naturaleza y a través de la naturaleza; la interconexión entre Cristo y la Iglesia significa que la Iglesia de Roma la dispensa en nombre del propio Cristo. Puesto que es Cristo quien obra a través de los sacramentos de la Iglesia, estos tienen un efecto *ex opere operato*, por el mismo hecho de ser impartidos, haciendo que la confianza del receptor en Cristo y el arrepentimiento del pecado sean cuestiones secundarias.

El Concilio de Trento (1545-1563) diseñó el esquema sacramental de la Iglesia de Roma, desde el bautismo hasta la extremaunción, en respuesta a la Reforma protestante, que había subrayado que la obra de Cristo se recibe solo por la fe mediante la obra del Espíritu Santo. El esquema se compone de siete sacramentos —bautismo, confirmación, confesión, eucaristía, ordenación, matrimonio, extremaunción— que acompañan la vida humana desde el nacimiento hasta la muerte. La Iglesia romana dispensa la gracia de Dios en todas las etapas de la vida. Algunos sacramentos son administraciones de gracia que se reciben de una vez para siempre, como el bautismo, la confirmación, la ordenación, el matrimonio y la extrema unción, mientras que otros se reciben cíclica y repetidamente, como la confesión y la eucaristía. De este modo, la gracia de Dios se hace real y dominante a través de la acción de la Iglesia. Para el Concilio de Trento, estar excluido de los sacramentos por excomunión, cisma o pertenencia a otras religiones equivalía a estar excluido de la gracia.

Sin negar el sistema tridentino, el Concilio Vaticano II (1962-1965) añadió un énfasis importante. El último Concilio desplazó la atención de los actos sacramentales de la Iglesia católica a la esencia sacramental de la Iglesia. En la célebre definición conciliar, «la Iglesia es en Cristo como un sacramento o como signo e instrumento, a la vez de una unión estrechísima con Dios y de la unidad de todo el género humano» (*Lumen Gentium* 1). Así, la propia Iglesia es un sacramento, es decir, la «presencia real» de Cristo. La iglesia expresa la unidad con Dios y logra la unidad de todo el género humano. Por eso, Roma puede hablar de todos como hermanos y hermanas. A los que Trento consideraba excluidos de la gracia, porque estaban excluidos de los sacramentos, la Iglesia de Roma los considera ahora hermanos y hermanas ya tocados por la gracia (aunque de forma misteriosa) y ya ordenados de alguna manera a la Iglesia católica. De los sacramentos como actos específicos, a la sacramentalidad de la Iglesia en su conjunto: aquí es donde se sitúa hoy la Iglesia católica romana.

El evangelio reconoce la bondad de la creación, pero también la naturaleza radical del pecado. El hombre natural no recibe las cosas del Espíritu si no le son reveladas (1 Cor. 1:12-15). La carne, o la naturaleza pecaminosa, no recibe la gracia; es el Espíritu quien da la vida (Juan 6:63). Jesús instituyó las ordenanzas del bautismo y la Cena del Señor como «palabras visibles» (según la bella expresión del reformador italiano Pedro Mártir Vermigli)[15] que dan testimonio de la gracia recibida por la fe, no como objetos a través de los cuales la gracia se hace presente por una iglesia que se cree la prolongación de la encarnación de Jesucristo.

Animado por el proyecto católico de absorber el mundo

El Credo de los Apóstoles describe a la Iglesia como «católica» en el sentido de universalidad, extendiéndose por todo el mundo, pero el significado dado a la catolicidad por la Iglesia de Roma va más allá de la universalidad de la Iglesia.

Tras la conclusión del Vaticano II, el teólogo protestante italiano Vittorio Subilia publicó un libro en el que se examinaban los documentos aprobados del Vaticano II y en el que se ofrecía una interpretación global del catolicismo romano surgido del Concilio.[16] El catolicismo romano del Vaticano II ha renunciado a las pretensiones teocráticas heredadas de los largos siglos de su historia y, en cambio, ha invertido mucho en aumentar su catolicidad. Ya no puede pensar en dominar el mundo de forma absolutista, así que busca impregnarlo y modificarlo desde dentro. Ya no lanza anatemas contra la modernidad, sino que se esfuerza por penetrarla y elevarla. Ya no impone su poder coercitivamente, sino que intenta ejercerlo con elegancia. La Iglesia de Roma carece de un fuerte seguimiento popular cuando habla de doctrina y moral, por lo que intenta mantener su capacidad de influir, condicionar y dirigir a la sociedad de forma indirecta. Ya no puede permitirse una pugna de pared a pared con el mundo; para no quedar relegada a un recoveco, acepta a la sociedad moderna para impregnarla desde el interior.

En una metáfora militar, puede decirse que la táctica del catolicismo romano ya no es la del choque frontal, sino la de envolver con las alas. El objetivo no es la aniquilación, sino la incorporación. La meta no es la conquista, sino la absorción mediante la expansión de las fronteras de la catolicidad. Todo cae dentro de la jurisdicción de la catolicidad romana.

Esta nueva catolicidad reside en la capacidad de incorporar ideas divergentes, valores diferentes y movimientos heterogéneos, integrándolos en el sistema romano. Si la fe evangélica opta solo por la Escritura, solo por Cristo y solo por la fe, el catolicismo romano no argumenta en contra, sino que añade: Escritura y tradición, Cristo y la Iglesia, gracia y sacramentos, fe y obras. De hecho, el catolicismo romano tiene un marco tan amplio que puede albergarlo todo, una tesis y su antítesis, una instancia y otra, un elemento y otro.

En la cosmovisión católica romana, la naturaleza se conjuga con la gracia, la Escritura con la tradición, Cristo con la Iglesia, la gracia con los sacramentos, la fe con las obras, la vida cristiana con la religión popular, la piedad evangélica con el folclore pagano, la filosofía especulativa con las creencias supersticiosas, el centralismo eclesiástico con el universalismo católico. El evangelio bíblico no es su parámetro, por lo cual el catolicismo romano está siempre abierto a nuevas integraciones en su progresiva expansión.

El criterio básico del catolicismo romano no es la pureza evangélica ni la autenticidad cristiana, sino la integración de cualquier detalle en un horizonte universal al servicio de una institución romana que lleva las riendas.

Lo cual da lugar a una religión confusa y distorsionada

Ahora que hemos examinado los diversos elementos de mi definición de catolicismo romano, es hora de cerrar el círculo llegando a una conclusión provisional. Entonces, ¿qué se puede decir de la perspectiva doctrinal, los patrones devocionales y la estructura institucional del catolicismo romano en su conjunto? Puede decirse que el catolicismo romano es una religión confusa y distorsionada.

Su «principio formal», o fuente de autoridad, no es solo la Escritura, sino la Palabra de Dios junto con la tradición de la Iglesia, que acaba cayendo bajo el magisterio de la Iglesia romana. Al no tener las Escrituras como autoridad suprema, el catolicismo romano solo puede ser bíblicamente confuso, ambiguo y, en última instancia, erróneo. Cada uno de sus principales usos de la Escritura, por más que se adhiera lingüísticamente a la Biblia, está atravesado por un principio contrario a la Palabra de Dios.

Su «principio material», o enseñanza principal, no es la gracia de Dios recibida solo por la fe que salva al pecador, sino un sofisticado sistema que fusiona la gracia divina con la actuación de una persona a través de la recepción de los sacramentos de la iglesia. El catolicismo romano habla de pecado, gracia, salvación y fe. Sin embargo, emplea estas palabras no según su significado bíblico, sino doblándolas según su propio sistema sacramental. Las palabras son las mismas pero, al no estar definidas por las Escrituras, su significado está plagado de divergencias internas. Son fonéticamente iguales pero teológicamente diferentes de la fe cristiana.

Algunas distorsiones del catolicismo romano son evidentes, como los dogmas marianos sin apoyo bíblico, los actos de devoción extraídos de prácticas paganas y la institución del papado, un hijo del Imperio romano. Otros son más sutiles y sofisticados, como los desarrollos doctrinales que se han acumulado a lo largo de los siglos, y la eclesiología católica romana y la enseñanza sobre la salvación.

A la luz de estas distorsiones generalizadas, incluso lo que parece ser común a los cristianos bíblicos debe ser cuidadosamente cuestionado. Como dice el documento «An Evangelical Approach Towards Understanding Roman Catholicism» [Un enfoque evangélico para comprender el catolicismo romano] (1999), de la Alianza Evangélica Italiana:

> El acuerdo doctrinal entre católicos y evangélicos, que se expresa en una adhesión común a los credos y concilios de los cinco primeros siglos, no es una base adecuada para afirmar que existe un acuerdo sobre lo esencial del evangelio. Además, la evolución de la Iglesia católica durante los siglos siguientes da la impresión de que esta adhesión puede ser más formal que sustancial. Este tipo de observación también podría aplicarse a los acuerdos entre evangélicos y católicos cuando se trata de cuestiones éticas y sociales. Existe una similitud de perspectiva que hunde sus raíces en la gracia común y en la influencia que el cristianismo ha ejercido en general en el curso de la historia. Sin embargo, dado que la teología y la ética no pueden separarse, no es posible afirmar que exista un entendimiento ético común, ya que las teologías subyacentes son esencialmente

> distintas. Al no existir un acuerdo básico sobre los fundamentos del evangelio, incluso cuando se trata de cuestiones éticas en las que puede haber similitudes, estas afinidades son más formales que sustanciales (n. 9).[17]

¿Cómo debemos relacionarnos con los católicos romanos como individuos y como grupos? De nuevo, el mismo documento argumenta útilmente:

> Lo que es cierto para la Iglesia católica como realidad doctrinal e institucional no es necesariamente cierto para los católicos individuales. La gracia de Dios actúa en hombres y mujeres que, aunque se consideren católicos, confían solo en Dios y buscan desarrollar una relación personal con Él, leer las Escrituras y llevar una vida cristiana. Sin embargo, hay que animar a estas personas a reflexionar sobre si su fe es compatible con la pertenencia a la Iglesia católica. Hay que ayudarlas a examinar críticamente los elementos católicos residuales de su pensamiento a la luz de la Palabra de Dios (n.º 12).[18]

Nuestros amigos católicos estarán en diferentes lugares del espectro católico romano. Algunos serán más coherentes con el *Catecismo de la Iglesia católica*, otros menos. Algunos estarán más cerca del evangelio que otros. Sin embargo, todas las mujeres y todos los hombres están llamados a volver a Dios Padre, que se manifestó en la persona y en la obra de

Jesucristo por el poder del Espíritu Santo, para ser salvados y para volver a aprender a vivir bajo la autoridad de la Biblia solo para la gloria de Dios.

¡Esto es lo que queremos decirles a nuestros amigos católicos!

Capítulo 2

Lo importante es nacer de nuevo

Mi padre era un devoto católico romano. Aunque no asistía regularmente a misa, estaba muy comprometido con las prácticas católicas. Admiraba a San Antonio, un santo medieval portugués. Llevaba una foto del santo en su cartera. La besaba antes de irse a la cama. Todos los años peregrinaba a la tumba del santo en Padua. Se sentía parte de la Iglesia Católica Romana. Aceptaba que la Iglesia estaba allí para ocuparse de su vida religiosa, así que podía seguir viviendo, asegurándose únicamente de recibir los sacramentos de vez en cuando y de rezar al santo patrón. Dios era demasiado remoto para él, demasiado distante, demasiado de otro mundo como para conocerlo y acercarse a Él. La Iglesia era, por tanto, el organismo mediador en el que podía confiar. San Antonio era el santo al que se sentía más cercano. La vida de mi padre era religiosamente respetuosa pero espiritualmente vacía, llena de devoción pero vacía del evangelio. Esto es lo que el catolicismo romano le había enseñado. Su corazón estaba inquieto, y Dios estaba lejos.

Un día, nuestra familia recibió la visita de una pareja de misioneros suizos. Apenas sabían hablar italiano, pero tuvieron el valor suficiente para entablar una conversación evangélica con italianos. En la puerta, tuvieron la confianza suficiente para hacer dos preguntas sencillas y escrutadoras: «¿Son cristianos?». La respuesta era simple. «Sí, claro, ¡somos italianos!», respondieron mis padres con un dejo de sorpresa. Ser italiano era lo mismo que ser cristiano. La segunda pregunta fue: «¿Han leído alguna vez la Biblia?». Volviéndose hacia mi madre, perplejo, mi padre respondió: «Querida, ¿tenemos una Biblia en casa?». «No, querido», respondió ella. Esta era una marca del catolicismo romano tradicional, especialmente antes del Vaticano II: una falta de alfabetización bíblica y una vida llena de tradiciones y prácticas a menudo contrarias a la enseñanza bíblica simple y llana. La lectura de la Biblia fue el comienzo de un viaje que llevó a mi padre y a mi madre a convertirse en cristianos nacidos de nuevo. Poco después, mi hermano mayor y yo los seguimos.

Mi historia es la de una reforma personal y familiar según el evangelio. Esta ha sido la historia de millones de excatólicos romanos de todo el mundo, que se criaron en una tradición religiosa con poco o ningún contacto con la Biblia y con ideas inexactas sobre el evangelio. Pensaban que eran cristianos porque habían sido bautizados, pero no habían nacido de nuevo. Fueron rescatados al descubrir el mensaje de la Biblia y la buena nueva de la salvación solo en Cristo recibida y solo por la fe. Esta fue la medicina para la salvación de mi familia. Por eso debemos hablarles de Jesús a nuestros amigos católicos.

1. ¿Quién es cristiano?

La palabra «cristiano» puede significar cosas diferentes para personas diferentes y puede utilizarse en contextos diferentes.[1] Al ser abordado por la pareja de misioneros, le hicieron la pregunta a mi padre y su respuesta fue: «¡Sí, por supuesto, soy italiano!». Para él, ser cristiano equivalía a ser italiano, y viceversa. En su respuesta estaba implícita toda una teología de la identidad cristiana. Ser cristiano se asociaba a la identidad nacional más que a los marcadores bíblicos. La espiritualidad y la ciudadanía se difuminaban hasta el punto de solaparse. Al leer las Escrituras y estar expuesto al evangelio, mi padre se dio cuenta de que su respuesta era insatisfactoria. ¿Su identidad cristiana se definía por su pertenencia a una cultura y una nación histórica y culturalmente moldeadas por una forma de cristianismo o había algo radicalmente distinto con lo que lidiar?

La respuesta de mi padre es indicativa de la mentalidad de muchos de nuestros amigos católicos. No todos vincularán el catolicismo a su identidad nacional y cultural, pero todos pensarán que son cristianos porque fueron bautizados en la iglesia católica. En el mejor de los casos, son cristianos nominales. ¿Cómo intentamos ayudarlos a darse cuenta de que, bíblicamente hablando, ser cristiano significa nacer de nuevo? Veamos lo que dice la Biblia en cuanto a lo que significa ser cristiano.

1.1 El perímetro del nombre

«Y a los discípulos se les llamó cristianos por primera vez en Antioquía» (Hech. 11:26). Los seguidores de Cristo existían desde mucho antes de que se mencionara el episodio de Antioquía, ya que Antioquía no es la primera iglesia cristiana en el libro de los Hechos. Antes de Antioquía estaban Jerusalén, Samaria, Damasco, Lida y Cesarea. En el desarrollo geográfico de la Iglesia, se llegó a la ciudad de Antioquía en el contexto de una progresiva difusión del evangelio. Antioquía, sin embargo, tiene una particularidad entre las antiguas iglesias cristianas. Es una iglesia que funcionó como nexo entre la fase expansiva inicial de la iglesia primitiva, marcada por movimientos osados e inesperados, y el camino más intencionado del crecimiento continuo de la iglesia. Antioquía estaba entre una misión algo forzada y otra más deliberada.

El capítulo 11 narra cómo llegó el evangelio a Antioquía. Por primera vez, los discípulos fueron llamados cristianos. Otros nombres del vocabulario religioso seguían siendo útiles, pero ya no eran del todo adecuados.[2] La Iglesia, por ejemplo, estaba compuesta por judíos y no judíos, y el judaísmo del grupo ya no bastaba para describirlo plenamente. Dado que muchos de estos discípulos no eran judíos ni pertenecían a otro grupo único, los marcadores étnicos eran insuficientes para describirlos. El nombre «cristiano» denotaba no tanto una identidad individual como la realidad social de una nueva comunidad marcada por una fe común en un Señor común.

El texto también nos dice que las reuniones en Antioquía se celebraban regularmente durante todo un año, lo que comunica continuidad y estabilidad en la vida de la comunidad. Los cristianos son descritos como poseedores de un marcador de identidad espiritual y comunitaria durante un prolongado período de tiempo. Recién a partir de la constatación de que esta comunidad es relativamente estable y tiene una residencia fija en la ciudad, su perfil religioso empieza a tomar forma. Con unos contornos tan identificables y claros, se requería creatividad léxica para distinguirlos. Así nació una nueva palabra: a los discípulos se los llamó cristianos. Esta palabra describía un fenómeno que ya no podía describirse con las palabras existentes anteriormente. No podía describirse en oposición a otra cosa, sino que necesitaba un nuevo nombre para identificarse adecuadamente en sus propios términos. La palabra «cristiano» no se aplicaba de forma artificial. Surgió de la evidencia de una identidad ahora pública. «¡Estas personas son cristianas!».

Un par de observaciones sobre el nombre. En primer lugar, un cristiano se asocia con ser discípulo. Discípulo es la palabra estándar del Nuevo Testamento que indica a alguien que sigue la enseñanza y el ejemplo de un maestro. El discípulo no es solo alguien que está cognitivamente de acuerdo con el maestro, sino cuya vida también se identifica espiritual y existencialmente con él. Por tanto, queda excluido cualquier sentido de cristianismo distanciado o superficial. Al llamar a las personas a convertirse en discípulos de Jesucristo, el cristianismo es una religión totalizadora, un llamado a abrazar el camino del Maestro hasta el punto de identificarse con la muerte y la resurrección del Señor Jesús (Rom. 6:4). La palabra usada en Hechos 11:26 es plural, «discípulos». Uno no es discípulo por su cuenta. Los discípulos están llamados a ser una comunidad de seguidores. El cristianismo es un programa de vida integral que hay que seguir personalmente y en comunión con otros discípulos de ideas afines.

El cristianismo es, por tanto, una fe radical en cuanto a sus exigencias y expectativas, y es una fe social en su esencia misma.

En segundo lugar, el nombre «cristiano» lleva implícita una referencia a Cristo. Se trata de una construcción léxica (*Christianoi*) basada en el nombre de Cristo. Su nombre se estira hasta el punto de convertirse en un descriptor de Sus discípulos. Tan profunda es la identificación entre Cristo y los cristianos que Sus seguidores que llevan Su nombre son personas que pueden afirmar junto al apóstol Pablo: «Pues para mí, el vivir es Cristo» (Fil. 1:21). Cristo define Su identidad de forma tan omnipresente que Su nombre es el que llevan.

En conjunto, pues, la denominación de estos discípulos de Cristo no obedecía a una definición barata, superficial o intrascendente del fenómeno. Todo lo contrario. El nombre reflejaba que el cristianismo implicaba la vida en su conjunto: un sistema de creencias asociado al mensaje de Cristo, un comportamiento ético derivado del ejemplo de Cristo y la pertenencia a la comunidad de los seguidores de Cristo. Creencia, comportamiento y pertenencia: en su significado programático, estas tres dimensiones marcan el contenido del nombre «cristiano». En el lúcido resumen de J. I. Packer, «ser cristiano es una mezcla de doctrina, experiencia y práctica. La cabeza, el corazón y las piernas están implicados. La doctrina y la experiencia sin la práctica me convertirían en un paralítico espiritual con mucho conocimiento; la experiencia y la práctica sin la doctrina me dejarían como un inquieto sonámbulo espiritual».[3]

Volviendo a los orígenes del nombre, la palabra «cristiano» no es una caja vacía que pueda rellenarse arbitrariamente según diversas inclinaciones espirituales y opciones preferidas. Aunque está abierta a encarnaciones personales, eclesiales y culturales, conserva un núcleo fundamental que debe aceptarse como algo dado, conformado según la intención de la Biblia. Esta condición evidente del nombre constituye el ADN no negociable y bíblicamente definido de lo que significa ser cristiano.

Entrelazando diferentes hilos bíblicos sobre la identidad de un cristiano, el *Pacto de Lausana* (párr. 4) pone su alcance en figura de pentágono. El nombre «cristiano» llena un espacio cuyos contornos son:

> (1) Compromiso con el Cristo histórico y bíblico como Salvador y Señor.
> (2) Arrepentimiento y reconciliación con Dios.
> (3) Aceptación del costo del discipulado siguiendo a Cristo, negándose a sí mismo y tomando la cruz.
> (4) Incorporación a la comunidad de Cristo, la iglesia local.
> (5) Participación en un servicio responsable en el mundo para Cristo.[4]

En otras palabras, ser cristiano es estar comprometido con el Jesucristo histórico (fe como *notitia*) como el propio Salvador y Señor personal (fe como *assensus*) en arrepentimiento y fe (fe como *fiducia*). El nombre «cristiano» también tiene una conexión inherente con el discipulado y una vida cruciforme, como la de Cristo. El cristianismo se vive por excelencia en la Iglesia y en el mundo en servicio y misión. Los marcadores de la identidad cristiana pueden variar en intensidad y en su equilibrio general. Los cristianos pueden tener distintos niveles de conciencia de su identidad o distintos grados de comprensión de lo que significa ser cristiano.

Sin embargo, no hay indicio de lenguaje sacramental. El bautismo no puede definir lo que es un cristiano. Contraria a las opiniones católica romana y ecuménica, según las cuales el bautismo *causa* el arrepentimiento y la fe, la Biblia reconoce la importancia del bautismo en el contexto de una respuesta personal al evangelio.

1.2 Aproximaciones y límites en torno al nombre

El nombre «cristiano» no se originó en la nada ni se dejó como un espacio vacío para que la gente lo rellenara arbitrariamente. Surgió como descriptor de una realidad espiritual, personal y comunitaria específica, marcada por la identificación de los seguidores de Jesucristo con el Maestro. En el Nuevo Testamento, el nombre cristiano nunca se considera un ideal demasiado espiritualizado ni un concepto abstracto. Aunque tiene un perímetro estable y una forma semejante a la de Cristo, siempre está conectado con personas reales del mundo real que luchan por atravesar los altibajos de su vida cristiana.

La Biblia reconoce que los cristianos viven diferentes aproximaciones a la identidad que llevan en su nombre. Los cristianos pueden ser débiles (Rom. 14:1) o fuertes (Rom. 15:1), indicando así diversos grados de fuerza y profundidad espiritual en la práctica de la vida cristiana. Los cristianos pueden vivir en diferentes etapas y fases: pueden ser niños espirituales que hacen cosas de niños y luego convertirse en adultos (1 Cor. 13:11), con posturas más maduras en su comprensión de la fe. Un cristiano infantil depende todavía de la leche, de la enseñanza elemental de la Palabra de Dios, mientras que uno maduro puede alimentarse con alimento sólido (Heb. 5:12-13) para discernir mejor el bien y el mal. La infancia espiritual también puede conducir a actos mundanos, contenciosos e inmaduros en la vida cristiana, en contraposición a la madurez espiritual que muestra la mente de Cristo (1 Cor. 3:1-3). Se insta a los cristianos a que amonesten a los indisciplinados, animen a los desalentados y sostengan a los débiles (1 Tes. 5:14), porque estas condiciones son reales y están bien representadas en la iglesia. Las personas que llevan el nombre de «cristiano» se encuentran en diferentes etapas de madurez en su camino espiritual. Esta es la razón por la que cada carta apostólica está repleta de exhortaciones, amonestaciones y estímulos dirigidos a los creyentes para que avancen en la vida cristiana y se alejen de peligrosas trampas o tendencias regresivas. Aunque todos los cristianos comparten la misma posición ante Dios, que les permite identificarse con Jesucristo, los cristianos dan testimonio de esta identidad y la encarnan de diversas maneras.

En su lenguaje habitualmente impecable y profundo, John Stott ofrece un útil resumen de cómo el evangelio bíblico da lugar a las dimensiones jurídica y posicional que recibe el creyente como discípulo de Cristo, además de originar un proceso de renovación que conduce a la transformación y la madurez. El evangelio de salvación «denota el plan total de Dios para el hombre, e incluye al menos tres fases. La primera fase es nuestra liberación de la culpa y el juicio de nuestros pecados, nuestro perdón libre y completo, junto con nuestra reconciliación con Dios y nuestra adopción como Sus hijos. La segunda fase es nuestra liberación progresiva del peso arrastrante del mal, que comienza con nuestro nuevo nacimiento en la familia de Dios y continúa con nuestra transformación por el Espíritu de Cristo a la imagen de Cristo. La tercera fase es nuestra liberación final del pecado que persiste tanto en nuestra naturaleza caída como en nuestro entorno social, cuando en el último día seamos investidos de cuerpos nuevos y gloriosos y trasladados a un cielo nuevo y a una tierra nueva en los que habite la justicia. Además, estas tres fases o tiempos de salvación (pasado, presente y futuro) se asocian en el Nuevo Testamento con los tres acontecimientos principales de la carrera salvífica de Jesús: Su muerte, Su resurrección y el subsiguiente don del Espíritu, y Su regreso en poder y gloria. Pablo las llama justificación, santificación y glorificación».[5]

A partir del resumen de Stott, la base del cristianismo parece tener un triple significado: una dimensión legal por la cual la persona es liberada de la culpa del pecado y justificada por la gracia, una dimensión transformadora por la cual la persona experimenta la conversión a una nueva vida y pasa a formar parte del pueblo de Dios, y una dimensión escatológica por la cual los efectos del pecado serán finalmente borrados y el *shalom* de Dios reinará para siempre. En cuanto a la primera dimensión, es una condición que se recibe solo por gracia mediante la fe. Es el fundamento de la vida cristiana, la puerta de entrada al reino de Dios, el umbral de la salvación. En cuanto a la santificación, es un proceso continuo que conduce a aproximaciones progresivas hacia la madurez cristiana. Todos los cristianos, ya justificados solo por la fe, están llamados a recorrer el camino del crecimiento y del servicio.

Todo esto viene a decir que el nombre de «cristiano» debe asociarse a quienes pertenecen a Cristo, habiendo sido justificados y adoptados por Dios. Mientras que la justificación marca la posición, el estado y la posición del cristiano ante Dios, la santificación apunta a la renovación y al proceso gradual y progresivo de transformación que tiene lugar en la vida del cristiano. El primero se caracteriza por el adverbio *hapax* (de una vez por todas, definitivo), como se utiliza para describir la finalidad de la obra de Cristo en la cruz en Hebreos 9:28; el segundo se caracteriza por el adverbio *mallon* (cada vez más, continuamente), como se usa para indicar el progreso en la vida cristiana en 1 Tesalonicenses 4:10.[6].

En pocas palabras, el cristianismo católico romano conserva el nombre de «cristiano», pero requiere una reinterpretación de su significado. El corazón de lo que significa ser cristiano se desdibuja hasta el punto de alterarse. Algunos de nuestros amigos católicos nos dirán que el cristianismo es una cuestión de haber nacido en una familia determinada, de pertenecer a un contexto cultural o religioso, o de haber pasado por un proceso de iniciación cristiana que tiene poca o ninguna repercusión en la vida cotidiana. Para los cristianos nominales, ser cristiano puede ser solo una inferencia pasajera, superficial, remota y periférica. Son cristianos de nombre pero no en realidad, práctica o creencia. Sienten que pertenecen a algo asociado al cristianismo con diversos grados de proximidad; lo que realmente creen y la forma en que se refleja en sus vidas es una cuestión mucho más complicada. En cuanto al sistema de creencias, muchos de mis amigos católicos tienen una especie de teología selectiva basada en una versión de la fe cristiana elaborada por ellos mismos que no concuerda con el testimonio bíblico. El mismo eclecticismo se da en su visión y práctica moral, donde la secularización puede encontrarse en sus vidas privadas y públicas, todo ello conservando grados de lenguaje o preocupación religiosa. Más radicalmente, estos cristianos nominales carecen de compromiso experiencial y participación espiritual en la definición bíblica de lo que significa ser cristiano. Suelen carecer de toda evidencia de ser discípulos de Jesús según el modelo antioqueno.

Como ya he mencionado, mi padre se consideraba cristiano por pertenecer a una comunidad nacional y cultural vagamente asociada a una forma de cristianismo heredada por tradición, no por ser discípulo de Jesucristo en el sentido bíblico. Sentía como si perteneciera a algo sin creer en el evangelio y sin esforzarse por comportarse en consecuencia.

Las definiciones del cristianismo nominal pueden variar considerablemente y su complejidad debe apreciarse en forma cabal. Así es como el Documento Ocasional de Lausana 10 define a un cristiano nominal:

> «Un cristiano nominal es una persona que no ha respondido en arrepentimiento y fe a Jesucristo como su Salvador y Señor personal. Es cristiano solo de nombre. Puede que sea

> muy religioso. Puede ser un miembro practicante o no practicante de la Iglesia. Puede dar su asentimiento intelectual a las doctrinas cristianas básicas y afirmar que es cristiano. Puede ser fiel en la asistencia a los ritos litúrgicos y servicios de culto, y ser un miembro activo involucrado en los asuntos de la iglesia. Pero, a pesar de todo esto, sigue destinado al juicio eterno (comp. Mat. 7:21-23, Sant. 2:19) porque no ha entregado su vida a Jesucristo (Rom. 10:9-10)».[7]

Esta definición establece algunos puntos importantes. Un cristiano nominal aún no ha experimentado la conversión personal a Cristo a través del arrepentimiento y la fe. Su lealtad al nombre de Cristo sigue siendo impersonal y remota. Cristo puede ser una figura importante, pero no el Señor y Salvador de su vida. Puede expresar diversos grados de religiosidad, incluso practicar formas de devoción cristiana y participación litúrgica. Además, puede que incluso participe activamente en un órgano eclesiástico y contribuya a su vida. Por sí solos, una religiosidad genérica, una espiritualidad aparente, la pertenencia formal a una iglesia, incluso evangélica, y la participación en sus actividades no son signos de que el cristianismo bíblico esté presente. Los signos de religiosidad cultural heredada no son en sí mismos pruebas espirituales de una vida regenerada y, por tanto, no pueden equipararse al cristianismo según el evangelio.

2. La importancia crucial de la conversión[8]

Una interpretación bíblica del nombre «cristiano» se caracteriza por la insistencia en la necesidad personal de salvación y la responsabilidad personal de responder a la gracia de Dios con arrepentimiento y fe. El evangelio es a la vez un anuncio de la intervención de Dios para salvar y una invitación a responder con fe. Utilizando los términos de David Bebbington, el «conversionismo», junto con el biblicismo, el crucicentrismo y el activismo, capta el corazón del cristianismo evangélico, porque reconoce la centralidad de un encuentro personal con Jesucristo que tiene como resultado el perdón de los pecados y una vida cambiada.[9] La doctrina de la Reforma sobre la salvación basada en *solus Christus*, que significa «solo en Cristo», se corresponde con el énfasis avivacionista en la necesidad de la conversión personal. En contra de la opinión de que el evangelicalismo y su centralidad evangélica son solo hijos de la modernidad, Stott argumentó que el evangelicalismo no es «un "ismo" novedoso, una marca moderna del cristianismo, sino una forma antigua, de hecho, la original».[10]

El requerimiento de Jesús a Nicodemo: «Tienen que nacer de nuevo» (Juan 3:7), se convierte en primordial para todas las personas. La regeneración mediante la conversión es el umbral necesario tanto para la salvación como para ser reconocido como cristiano, y la realiza el Espíritu Santo a través de la predicación y el testimonio del evangelio, a los que las personas responden con arrepentimiento y fe.[11] La salvación no viene por simplemente nacer en una familia cristiana, ni por formar parte de un ambiente cristiano. Ni siquiera ser miembro formal de una iglesia cristiana, ni haber recibido un sacramento de iniciación cristiana puede ganar la salvación. No es por méritos, no es por obras, no es por tradición, no es por sacramentos: es solo por gracia mediante la conversión a Jesucristo. ¡Esto es lo que nuestros amigos católicos necesitan oír!

Reflexionando sobre la centralidad de la conversión en un relato evangélico de la iniciación en la fe cristiana, Stephen Holmes escribe: «Los evangélicos son los que predican el mismo evangelio de la conversión puntual y la seguridad inmediata disponible solo a través de la fe».[12] Esto no quiere decir que exista un único patrón o momento de conversión. Al respecto, Klaas Runia afirma acertadamente: «En lo que se refiere a la "forma" de la conversión, hay algunas diferencias de opinión entre los evangélicos (¿es la conversión instantánea, de modo que se puede mencionar el tiempo y el lugar, o tiene más el carácter de un proceso?), pero en general, los evangélicos no prescriben un método particular ni una manifestación concreta. El énfasis se pone en el hecho de la conversión, no en su forma particular».[13]

El hecho de la conversión personal es lo que realmente marca la diferencia a la hora de responder a la pregunta: ¿Quién es cristiano y quién no? La mayoría de los cristianos convertidos pueden identificarse con las palabras de John Newton (1725-1807), que en su mundialmente famoso himno *Sublime gracia* pudo escribir:

> «Perdido fui, hallado soy; fui ciego y veo hoy».

Las historias personales pueden variar considerablemente, pero todas se caracterizan por la conversión personal.

El cristianismo bíblico, según el modelo antioqueno, es una religión de conversión, y todo cristiano debe estar dispuesto a compartir su «testimonio» personal, el relato de su conversión y de su caminar personal con el Señor.

El mensaje objetivo de la cruz es el legado de las *solas* de la Reforma. Junto con la experiencia personal de la salvación, constituyen el fundamento de gran parte de la predicación evangélica del evangelio, especialmente de aquellos sermones que surgieron de los diversos avivamientos de la historia posterior a la Reforma. J. I. Packer y Thomas Oden nos ayudan aquí cuando escriben: «El evangelicalismo enfatiza característicamente la visión penal-sustitutiva de la cruz y la realidad radical del cambio interior, relacional y direccional, enseñado por la Biblia y forjado por el Espíritu, que hace que una persona sea cristiana (nuevo nacimiento, regeneración, conversión, fe, arrepentimiento, perdón, nueva creación, todo en y a través de Jesucristo)».[14] Juan 3:16 es el único versículo bíblico donde se condensan magistralmente el evangelio de la salvación de Dios y la responsabilidad del hombre de creer. Los cristianos defienden, memorizan y utilizan ampliamente Juan 3:16 en su peregrinación espiritual y en su evangelización personal, porque combina el amor de Dios manifestado en Cristo con la respuesta a Él mostrada en la fe personal.

Procedentes del modelo antioqueno del cristianismo, los avivamientos modernos reflejan la larga trayectoria de la historia de la Iglesia al hacer hincapié en la conversión personal como paso necesario para la salvación. Este énfasis en la conversión ha influido mucho en la predicación evangélica del evangelio que invita a la gente a arrepentirse del pecado, creer en Jesús como Salvador y Señor personal, y salvarse, instando a la gente a responder y a vivir una experiencia de conversión. La «oración del pecador» recoge rasgos importantes del relato evangélico contemporáneo de la conversión y de la expectativa de transformación que producirá.[15]

> «Señor Jesús, te necesito. Gracias por morir en la cruz por mis pecados. Abro la puerta de mi vida y te recibo como mi Salvador y Señor. Gracias por perdonar mis pecados y darme vida eterna. Toma el control del trono de mi vida. Transfórmame en la persona que quieres que sea».

El vocabulario de la conversión no es en absoluto exclusivo de la tradición evangélica. Pertenece al lenguaje compartido de todas las ramas del cristianismo, porque es una palabra bíblica. Sin embargo, los evangélicos tienden a entender la conversión como un *hapax*, adverbio griego que significa volverse a Dios de una vez por todas en arrepentimiento y fe, atribuyéndole una dimensión salvífica y la seguridad de la salvación, mientras que otras tradiciones, incluido el catolicismo romano, tienden a entender la conversión como parte de un itinerario religioso continuo y un llamado a la renovación diaria. Un cristiano no convertido puede ser un oxímoron, pero hay que tener claro lo que significa la conversión a Jesucristo y cómo afecta a la propia vida.

3. Umbrales del cristianismo

La reflexión sobre la conversión debe ir un paso más allá. Los evangélicos tienden a ver la conversión en categorías relacionales, según las cuales Dios salva a los pecadores perdidos al reconciliarlos consigo mismo solo por obra de Cristo. Todo el vocabulario teológico de la salvación es relacional en su enfoque e intención: regeneración (lenguaje de vida), justificación (lenguaje jurídico), adopción (lenguaje familiar) y conversión (lenguaje de cambio). Todas estas son imágenes que representan la relación recreada entre Dios y el hombre de diferentes maneras. Al contrario que los católicos, los evangélicos tienen dificultades para concebir la salvación en términos sacramentales. En la comprensión y experiencia evangélicas de la salvación, los sacramentos son importantes pero no prominentes. Están en el fondo, por supuesto, como parte de la vida de la iglesia dada por Dios y atestiguada por las Escrituras, pero no son esenciales para la salvación o para definir quién es cristiano y quién no.[16] La dimensión sacramental del cristianismo es «segunda sin ser secundaria».[17]

En pocas palabras: ningún cristiano renacido diría que es cristiano principalmente porque ha sido bautizado o porque participa regularmente en los servicios de la Cena del Señor. La visión histórica del cristianismo es que la salvación es un don gratuito de Dios, a pesar de nosotros, a través de la obra de Jesús en la cruz y Su resurrección, apropiada por la fe. John Stott vuelve a ser de gran ayuda en este punto:

> «Si no hay mérito salvífico ni en nuestras buenas obras ni en nuestra fe, tampoco hay

> mérito salvífico en la mera recepción de los sacramentos [...]. No es por la mera administración externa del agua en el bautismo que somos limpiados y recibimos el Espíritu ni por el mero don del pan y el vino en la Cena del Señor que nos alimentamos de Cristo crucificado, sino por la fe en las promesas de Dios así expresadas visiblemente, una fe que a su vez debe ilustrarse en nuestra humilde y creyente aceptación de estos signos. Pero no debemos confundir los signos con las promesas que significan. Es posible recibir la señal sin recibir la promesa, y también recibir la promesa sin recibir la señal».[18]

La cruz, no el bautismo ni la eucaristía, es la protagonista de la conversión.[19] La trascendencia *hapax* (de una vez por todas) de la cruz se enfatiza mucho más que los aspectos *hapax* del bautismo o *mallon* (cada vez más) de la eucaristía.[20] Cada tradición eclesiástica tiene su propia visión de los sacramentos, pero estos no deben estar en el centro de su fe, ni el lenguaje sacramental define la gramática y el vocabulario de la comprensión bíblica de lo que constituye el núcleo del ser cristiano.

El lugar de la Iglesia en la definición del cristianismo bíblico está relacionado con el malestar evangélico hacia el lenguaje sacramental. Ser cristiano significa haber respondido en arrepentimiento y fe al evangelio por la mediación única de Cristo: la Iglesia es una criatura de este acontecimiento. El énfasis debe ponerse en la relación directa entre una persona salvada y Cristo, más que en la Iglesia como agente corporativo que administra la gracia.

Gracias a la obra única y final de Cristo y a las firmes promesas del evangelio, los cristianos pueden experimentar un alto grado de seguridad en la salvación. La salvación es segura por el significado jurídico de la justificación y la fiabilidad escatológica de las promesas del pacto de Dios. «Si muero hoy, iré al cielo» es el lenguaje evangélico habitual. A veces, nuestros amigos católicos perciben esta actitud como arrogante y fuera de lugar, pero refleja el énfasis de la Reforma en «solo gracia», «solo fe» y «solo Cristo» de lo que significa ser cristiano. En efecto, la salvación pertenece al Señor, y quienes la reciben pueden estar seguros de ella, a pesar de sus fracasos. Los cristianos no evangélicos suelen tener dificultades para apropiarse de esta seguridad, y su reticencia deriva de una forma diferente de entender la naturaleza del cristianismo y quién es cristiano.

Pero hay otro aspecto crítico de este tema que merece atención. En el cristianismo católico romano actual, muy influido por el diálogo interreligioso y las corrientes de pensamiento universalistas,[21] el debate sobre el cristianismo nominal ha tomado una nueva trayectoria.

La Iglesia Católica Romana solía estar comprometida con una interpretación estricta y tradicional del *dictum* «extra ecclesiam nulla salus», que significa que fuera de la Iglesia no hay salvación. Quienes no pertenecían sacramental y jurídicamente a la Iglesia romana, tanto cristianos no católicos como no cristianos seguidores de otras religiones, no eran considerados cristianos en sentido pleno. El Concilio Vaticano II (1962-1965) cambió significativamente la interpretación católica del significado de este *dictum*, dando lugar a una visión «gradualista» del cristianismo.

Los documentos del Vaticano II explican el cambio de estatus de los creyentes no cristianos, del mismo modo que las religiones no cristianas también son vistas bajo una nueva luz. Las personas que siguen otras religiones, aunque se alejen del cristianismo, ya no se consideran alejadas de Cristo. En cambio, están en cierta medida emparentadas con Cristo (*Lumen Gentium*, n.º 16), lo quieran o no, lo sepan o no. Si tenemos en cuenta que, según el concilio, los católicos gozan de una relación privilegiada con Cristo, al estar incorporados a Él (*Lumen Gentium*, n.º 11, 14, 31), el catolicismo romano se considera una culminación, la consecución de aspiraciones que ya existen en las religiones no cristianas. La gracia de Dios ya está presente en otras religiones, y la Iglesia, por sus prerrogativas especiales, es el lugar donde pueden ser exaltadas hasta su plenitud. En esta visión posterior al Vaticano II, todo hombre y toda mujer están misteriosamente asociados al «misterio pascual» (*Gaudium et Spes*, n.º 22). Evidentemente, la catolicidad del catolicismo romano actual, que tiene mucho en común con una teología ecuménica de las religiones, trasciende los estrechos límites del cristianismo tal como se define por una fe explícita en Jesucristo y una trayectoria singular de discipulado cristiano.

El «cristianismo anónimo» del teólogo católico romano Karl Rahner es un ejemplo de esta postura:

> Por tanto, no importa lo que un hombre afirme en su reflexión conceptual, teórica

> y religiosa, cualquiera que no diga en su corazón: «No hay Dios» (como el «necio» del salmo), sino que dé testimonio de Él mediante la aceptación radical de Su ser, es un creyente. [...] Y quien se ha dejado asir por esta gracia puede ser llamado con todo derecho «cristiano anónimo».[22]

El cristianismo anónimo significa que una persona vive en la gracia de Dios y, por tanto, es cristiana sea o no consciente de ello; alcanza la salvación «fuera del cristianismo explícitamente constituido».[23]

El cristianismo se percibe hoy en muchos círculos católicos romanos con una visión gradualista, lo que da lugar a diferentes matices de lo que significa ser cristiano. Todas las personas están incluidas de un modo u otro en los círculos del cristianismo. Esta evolución puede estar de moda y ser políticamente correcta, pero es fundamentalmente errónea. La interpretación gradualista del cristianismo desdibuja el carácter de pacto de la fe cristiana y la transforma en una religión universalista que poco tiene que ver con el proyecto antioqueno. En el mundo actual, el diálogo entre las tradiciones cristianas debe ser un medio para dilucidar estas diferencias con claridad y franqueza bíblicas.[24]

Para terminar, merece la pena citar de nuevo el *Pacto de Lausana* para cerrar esta sección.

> «Proclamar a Jesús como "el Salvador del mundo" no es afirmar que todas las personas se salvan automáticamente o en última instancia, y menos aún afirmar que todas las

> religiones ofrecen la salvación en Cristo. Se trata más bien de proclamar el amor de Dios a un mundo de pecadores y de invitar a todos a responder a Él como Salvador y Señor con el compromiso personal y sincero del arrepentimiento y la fe» (n.º 3).[25]

Y otra vez:

> «El objetivo debe ser, por todos los medios disponibles y lo antes posible, que cada persona tenga la oportunidad de oír, comprender y recibir la buena nueva» (n.º 9).[26]

Escuchar, comprender y recibir el evangelio: esto es lo que define a un cristiano. Ser cristiano significa haber oído, comprendido y recibido el evangelio. Un cristiano católico romano puede haber estado cerca de escuchar, comprender y recibir el evangelio. Puede haber recibido los sacramentos, pero no es cristiano a menos que haya nacido de nuevo. En nuestras conversaciones evangélicas con los católicos, nuestra tarea consiste en facilitarles, bajo Dios y de todas las maneras posibles, el anuncio y el testimonio del evangelio.

4. Temas antiguos, pero siempre relevantes

Quiero llevarte ahora a la ciudad de Roma en 1511 para contarte otra historia de conversión personal. Un joven monje alemán, Martín Lutero, visitó la ciudad eterna ese año. Fue como peregrino para sumergirse en prácticas devocionales con la esperanza de encontrar paz para su alma atribulada. Aparte de la corrupción que presenció en la iglesia de allí —que socavaba la credibilidad del clero y sus enseñanzas—, Lutero vio que el evangelio que dominaba Roma estaba encapsulado en la Escalera Santa junto a la Basílica de San Juan de Letrán. Allí, los peregrinos subían las escaleras de rodillas, rezando oraciones marianas, y tras llegar a la cima, pagaban cierta cantidad de dinero para recibir una indulgencia.

Una indulgencia, era y sigue siendo, una remisión de pecados concedida por la Iglesia católica al fiel que realiza una buena obra. En años especiales, llamados años santos o jubilares, la Iglesia romana dispensa indulgencias con mayor profusión. Lutero llegó en uno de esos años santos. El concepto básico de las indulgencias es que Dios está muy lejos de ti. Para llegar a Él, hay que hacer una combinación de buenas obras, como oraciones, peregrinaciones y ofrendas, y luego la Iglesia dispensará el perdón de Dios en Su nombre. Debes subir los escalones del cielo para cumplir los requisitos de la Iglesia, la cual entonces te abrirá el depósito de la gracia divina. Lutero se inquietó al ver esta práctica. Algo estaba mal en todo esto. Poco después descubriría que todo el sistema propugnado por la Iglesia romana estaba mal formado, era confuso y estaba distorsionado.

No es cierto que debamos llegar a Dios con nuestras obras, ascendiendo por la escalera del cielo, confiando en que la Iglesia mediará para que Dios nos perdone. La Biblia enseña claramente que es Dios quien, en Su Hijo Jesús, ha descendido hasta nosotros para hacer expiación por nuestros pecados. Todo el esquema era erróneo y había que cambiarlo por completo. Ahí radica la esencia de la Reforma: al exponerse al evangelio bíblico, los reformadores invirtieron la trayectoria de la salvación. El Hijo descendió hasta nosotros en Su encarnación. Murió por nuestros pecados y resucitó de los muertos por nuestra salvación. Somos llamados a creer en Él.

El problema del catolicismo romano en el siglo XVI sigue siendo el problema del catolicismo romano actual. La misma Escalera Santa que vio Lutero está allí, cada día abarrotada de gente que sube arrodillada en busca del perdón de Dios. Ha ocurrido durante siglos sin ningún cambio significativo y sigue ocurriendo hoy en día. ¿Por qué?

4.1 La Biblia no es la autoridad suprema

El principal problema del catolicismo romano es que sus doctrinas y prácticas no se basan solo en la Biblia, sino en la Biblia y las tradiciones de la Iglesia. Tanto la Biblia como las tradiciones son interpretadas por el magisterio de la Iglesia. La Biblia no es la autoridad final. La Iglesia lo es, la cual encarna la tradición e interpreta la Biblia.

El catolicismo romano reconoce hasta cierto punto la Escritura, pero también afirma sus propias tradiciones al mismo tiempo. La Biblia es solo una de sus autoridades, pero no es la única ni la más alta. En la doctrina católica romana (ver, por ejemplo, Vaticano II: *Dei Verbum*), la revelación de Dios nos llega en una tradición oral que adopta dos formas: la voz escrita que se encuentra en el texto de la Biblia y la voz viva de la enseñanza oficial de la Iglesia Católica Romana. Según este punto de vista, la tradición es anterior a la Biblia, más grande que la Biblia, y su voz actual no es el texto bíblico principalmente, sino la enseñanza continua de la Iglesia. La Biblia no puede ser la última autoridad. Por lo tanto, no puede enseñar, corregir, redargüir e instruir si no es la última palabra. Hay algo más grande que ella y hay algo más relevante que ella: la tradición a la que da voz la Iglesia. Según el catolicismo romano, la Biblia es importante pero no concluyente. Es una forma de revelación, pero no la definitiva.

Un ejemplo puede bastar para ilustrar cómo funciona el sistema católico. Tomemos, por ejemplo, la doctrina de María, o mariología. La Biblia nos ofrece un relato sobrio de la madre de Jesús. Sin embargo, escucha cómo lo ha desarrollado la Iglesia Católica Romana: «la Santísima Virgen es invocada por la Iglesia bajo los títulos de Abogada, Auxiliadora, Socorro y Mediadora» (Vaticano II: *Lumen Gentium*, n.º 62). Todos estos son títulos cristológicos que se transmitieron a María. Lo que la Biblia atribuye solo a Jesús, la Iglesia romana lo atribuye a María. ¿Por qué? Porque la tradición prevalece sobre la Biblia y, por tanto, puede llevar a estos desarrollos mariológicos que desvían la atención del Señor Jesús. No es de extrañar que en muchas regiones de mayoría católica se practique más el culto a María que la oración a Jesús. No es de extrañar que el lema del Papa Juan Pablo II fuera «*totus tuus*», totalmente tuyo, donde «tuyo» se refiere a María. No es de extrañar que el Papa Francisco tenga una fuerte espiritualidad mariológica. Reza todos los días el rosario mariano y habla a menudo de ella. Como ya se ha mencionado, tener una garantía final de las Escrituras no es el punto para la fe católica. La Biblia no es concluyente. En cambio, la tradición es determinante y concluyente, y la Iglesia se considera la voz viva de la revelación de Dios.

4.2 La salvación no es solo por la fe

En el catolicismo romano, dado que la Biblia no es la máxima autoridad, su código genético está intrínsecamente desordenado. La fuente de autoridad ha sido desplazada de la Palabra escrita de Dios, por lo que surge un segundo problema fundamental en la enseñanza y la práctica católica romana con respecto al problema de la humanidad y cómo uno se reconcilia con Dios. En otras palabras, está en juego el tema de la salvación.

La Iglesia Católica Romana rechazó la doctrina bíblica de la salvación solo por la fe en el Concilio de Trento (1545-1563). Trento siguió utilizando la palabra «justificación», pero le dio un significado completamente distinto. Para Trento, la justificación era un proceso más que un acto de Dios; un proceso iniciado por el sacramento del bautismo, en el que se creía que se infundía la justicia de Dios; un proceso alimentado por las obras religiosas de los fieles y sostenido por el sistema sacramental de la iglesia; un proceso que a menudo requería un tiempo de purificación en el purgatorio, antes de que tal vez se cumpliera en el día del juicio. Roma reformuló y reconstruyó la justificación en términos de una combinación de la iniciativa de Dios y los esfuerzos del hombre, la gracia y las obras unidas, dando como resultado un camino continuo de justificación, dependiente en última instancia de «la arcilla y el hierro» de las obras humanas y los sacramentos eclesiásticos. Lo que falta es el acto declarativo y forense de la justificación, el fundamento exclusivo en la gracia divina, la plena seguridad de estar justificado por lo que Dios Padre ha declarado, Dios Hijo ha realizado y Dios Espíritu ha obrado. Trento formalizó una enseñanza confundida y confusa sobre la justificación, que ha estado engañando a la gente desde entonces.

Por tanto, el evangelio de Roma se construye sobre estos fundamentos borrosos: la Biblia no es la autoridad final y la salvación no es solo por la fe. Este es el núcleo del desorden teológico de la Iglesia católica.

4.3 Por qué la Reforma no ha terminado

Hay dos opciones bíblicas para tratar con los que dicen ser cristianos, predican el evangelio y, sin embargo, difieren de nosotros: Filipenses 1:15-18 y Gálatas 1:6-9. El primer pasaje habla de quienes pueden tener motivaciones equivocadas y actitudes malvadas («envidia» y «rivalidad»), pero el meollo de la cuestión es que anuncian a Cristo. Para Pablo, a pesar de sufrir estos malos comportamientos, que predicaran a Cristo era, en definitiva, motivo de regocijo. Gálatas 1 pinta una situación radicalmente distinta. Las personas que predicaban en este pasaje pueden ser agradables y encantadoras, pero proclaman un evangelio diferente que distorsiona el evangelio de Cristo. En ambas opciones, lo que realmente está en juego es la verdad del evangelio que se proclama. Uno puede ser duro con otros cristianos, pero si predica el evangelio, es para alegrarse. Otro puede parecer amable y misericordioso, pero predica un evangelio falso. La pregunta que debemos hacer a todos los que proclaman a Cristo y difieren de nosotros, incluidos los católicos romanos, es cuál de estos dos pasajes los describe mejor.

La Iglesia seguirá basándose en la autoridad suprema de las Escrituras y en la justificación solo por la fe. No hay otra receta disponible para una iglesia sana y basada en el evangelio. No hay otro evangelio que el mensaje bíblicamente atestiguado de Jesucristo que salva a pecadores indignos como nosotros sobre la base de Su obra en la cruz una vez y para siempre. La Biblia es clara como el agua: o somos justificados por la gracia de Dios o caemos en una especie de autojustificación que es un trágico engaño. Cualquier adaptación a la idea de que en última instancia dependemos de la autoridad de la Iglesia o somos capaces de salvarnos a nosotros mismos, cualquier acomodo a la afirmación de que la salvación no es un don de Dios de principio a fin, es una pendiente resbaladiza hacia un falso evangelio.

Como argumenta la declaración de 2016 «¿Ha terminado la Reforma?» (firmada por docenas de teólogos y líderes evangélicos de todo el mundo):

> «En todas sus variedades y tendencias a veces contradictorias, la Reforma protestante fue en última instancia un llamado a (1) recuperar la autoridad de la Biblia sobre la iglesia y (2) apreciar de nuevo el hecho de que la salvación nos llega solo por la fe».[27]

Estos son los desacuerdos permanentes y no resueltos entre los católicos romanos y los protestantes evangélicos.

El catolicismo romano actual ha intentado aceptar la Reforma ampliando su síntesis, redefiniendo términos y haciéndose más amistoso con los que están fuera de sus muros, pero no cambiando su núcleo doctrinal. El desorden teológico de Roma permanece, y por eso la Reforma es una tarea permanente, tan urgente hoy como hace 500 años.

Dado el enorme número de católicos romanos en el mundo, alrededor de 1300 millones de personas, es muy probable que todos tengamos vecinos, amigos, familiares y colegas católicos. En cualquier parte del mundo, es probable que tengas vecinos católicos romanos. Muchos católicos nominales creen lo mismo y se comportan como la mayoría de la gente secular occidental: sin ninguna percepción de que Dios sea real y verdadero en sus vidas. En otras palabras, no son cristianos renacidos y regenerados. Los católicos devotos pueden ser religiosos, pero están enredados en tradiciones y prácticas que están lejos de la fe bíblica. Esto nos presenta amplias oportunidades para evangelizar. El evangelio puede y debe ser llevado a ellos también. Debemos intentar entrar en la mentalidad católica romana y desafiarla amablemente con el evangelio.

Capítulo 3

Actitudes, cuadrantes y consejos para compartir el evangelio

En su carta a los colosenses (4:3-4), el apóstol Pablo pidió oraciones para que Dios le abriera puertas para predicar el evangelio y explicarlo clara y adecuadamente, como es debido. Deseaba discernimiento y sabiduría para poder comunicar el evangelio de forma que tuviera sentido para sus oyentes. Vemos este deseo puesto en práctica en la interacción de Pablo con los atenienses (Hech. 17), cuando contextualiza el evangelio para sus oyentes. En su libro *Iglesia centrada*, Timothy Keller define la contextualización de la siguiente manera:

> Dar a la gente las respuestas de la Biblia, que tal vez no quieran oír, a las preguntas sobre la vida que se hacen las personas en su tiempo y lugar concretos, en un lenguaje y una forma que puedan entender, y mediante apelaciones y argumentos con fuerza que puedan sentir, aunque los rechacen.[1]

Pablo no fue el único que contextualizó la buena nueva del reino de Dios. Una lectura rápida del Evangelio de Lucas nos muestra que Jesús también hablaba de un modo que revelaba un conocimiento íntimo de Su contexto, utilizando un lenguaje e historias que tenían sentido para Sus oyentes. Los predicadores contextualizan cada domingo cuando utilizan ilustraciones que ayudan a los oyentes a comprender mejor lo que nos enseñan las Escrituras.

Contextualizar el evangelio no significa adaptarlo a la cultura, como si hubiera que cambiar el mensaje. Se trata más bien de transmitir el mensaje del evangelio, siendo conscientes del contexto en el que se comparte para que pueda ser comprendido. La contextualización conduce a concesiones cuando se busca unir el evangelio y la cultura a través del sincretismo. Existe el peligro de subcontextualizar, cuando estamos tan cegados por nuestras propias experiencias que siempre partimos de nuestro marco cultural y no lo modificamos para nuestros oyentes. También existe el peligro de la sobrecontextualización, cuando cambiamos el mensaje del evangelio para adaptarlo a las narrativas culturales de hoy y así distorsionarlo, normalmente por el deseo de ser atractivos para la cultura. Todos debemos ser conscientes de que corremos el riesgo de caer en uno de estos peligros. ¿Cómo podemos evitarlos? Mediante un compromiso inquebrantable con el evangelio.

Pablo les escribió a los corintios:

> A los judíos me hice como judío, para poder ganar a los judíos. A los que están bajo la ley, como bajo la ley, aunque yo no estoy bajo

> la ley, para poder ganar a los que están bajo la ley. A los que están sin ley, como sin ley, aunque no estoy sin la ley de Dios, sino bajo la ley de Cristo, para poder ganar a los que están sin ley. A los débiles me hice débil, para ganar a los débiles. A todos me he hecho todo, para que por todos los medios salve a algunos. Y todo lo hago por amor del evangelio, para ser partícipe de él (1 Cor. 9:20-23).

Lo que realmente queremos hacer a través de la contextualización es mostrar a nuestros amigos católicos que lo que buscan solo puede encontrarse en Cristo. Como dice Keller, «mostramos a los oyentes que las tramas de sus vidas solo pueden encontrar una composición, un "final feliz", en Jesús».[2] En una próxima sección, veremos un ejemplo de varias «gramáticas» o «lenguajes» de la expiación que pueden ayudarnos a compartir el mensaje evangélico con los católicos.

1. Encuentra la actitud adecuada

En cualquier intento de compartir el evangelio con amigos católicos, *Talking with Catholics about the Gospel* [Cómo hablar con católicos sobre el evangelio], de Chris Castaldo, es un recurso conmovedor.[3] Castaldo nos ayuda a comprender las diferentes subcategorías de católicos que podemos encontrar. Explica que hay «católicos tradicionales», «católicos evangélicos»[4] y «católicos culturales». Cada categoría tiene su propia manera de vivir su identidad católica romana, y cada una conlleva retos y oportunidades específicos en términos de testimonio evangélico. Esta tipología puede afinarse según el contexto en el que uno se encuentre. Ray Galea habla de un espectro que va desde los católicos «ultraconservadores y tradicionalistas», críticos con el Vaticano II, hasta los católicos de la corriente dominante que siguen ampliamente el Vaticano II, los católicos de la teología de la liberación, los liberales políticos generalmente de izquierda, y los católicos populares, moldeados por la subcultura particular en la que nacieron.[5] En mi rincón del mundo en Roma, Italia, encuentro algunos católicos tradicionales y muchos católicos culturales, pero también me encuentro con personas cuyo catolicismo se caracteriza en gran medida por prácticas de religiosidad popular como la devoción a los santos y el culto a los muertos. No sé bien en qué categoría encajan mejor; quizás en la de los «católicos culturales» de Castaldo o en la de los católicos populares de Galea. Sea cual sea la terminología que introduzcas, siempre habrá personas que no encajen del todo en ella.

Lo que es incluso más interesante es que Castaldo se centra en las actitudes evangélicas. Su libro ofrece una útil taxonomía de los enfoques evangélicos hacia los católicos romanos. Van de «activamente anticatólico» a «pasivamente anticatólico»; de «coexistente» a «identidad positiva»; de «simbiótico» a «ecuménico» y a «renovación interna». Cada enfoque se basa en diferentes evaluaciones del catolicismo romano, basadas en una mezcla de conocimientos y experiencia. Como persona dispuesta a acercarse a sus amigos católicos, al lector puede resultarle un ejercicio útil situarse en una de estas categorías para ser consciente de sus motivaciones espirituales, convicciones teológicas y experiencias personales con los católicos.

Nuestras actitudes deben estar marcadas por lo que nos dice el apóstol Pedro cuando damos razón de la esperanza que hay en nosotros: «háganlo con mansedumbre y reverencia» (1 Ped. 3:15). Entre otras cosas, esto significa que no debemos dedicar tiempo a atacar injustamente las creencias y prácticas católicas o a criticar a la Iglesia romana como objetivo principal de nuestras conversaciones. La evangelización siempre tiene un matiz apologético, pero debe hacerse con amabilidad, de tal manera que tu actitud y postura reflejen la mansedumbre y el respeto de los que habla Pedro.[6]

Para cultivar la postura correcta marcada por el amor cristiano, Gregg Allison comparte sabios consejos en su capítulo titulado «¿Cómo puedo hablar del evangelio con mis seres queridos católicos?»: «En concreto, podemos expresar nuestro amor como oración por ellos y en su nombre. ¿Cuáles son sus necesidades y cargas? Oremos por ellos y por esas cuestiones».[7] La oración siempre debe formar parte de lo que hacemos como testigos del evangelio.

Otro capítulo significativo del libro de Castaldo está dedicado a aclarar las cuestiones teológicas en juego exponiendo «similitudes y diferencias» entre evangélicos y católicos. Las divergencias doctrinales son múltiples, pero el punto supremo de diferencia, dice Castaldo, reside en la visión contrapuesta de la encarnación de Cristo en relación con la naturaleza y la misión de la Iglesia. Aquí cita a Joseph Ratzinger, papa emérito Benedicto XVI: «La noción del cuerpo de Cristo se desarrolló en la Iglesia católica hasta el punto de que la Iglesia designada como "Cristo que vive en la tierra" pasó a significar que la Iglesia se describía como la encarnación del Hijo que continúa hasta el final de los tiempos».[8] Así entendida, la Iglesia asume las prerrogativas de Cristo en Sus funciones de profeta, sacerdote y rey. Su función profética se convierte en el oficio magisterial de la Iglesia. Su función sacerdotal se convierte en la estructura sacramental de la Iglesia. Y Su papel de rey se convierte en la autoridad política de la Iglesia. De esta diferencia fundamental, surgen otras divergencias en relación con la autoridad, la salvación, el sacrificio perpetuo de la misa, el purgatorio, las indulgencias, la veneración de los santos, la penitencia y el papel mediador de María.

Sin embargo, detrás de la historia y las doctrinas, hay personas reales con sus historias y creencias, y esto se pasa por alto con demasiada frecuencia en la evangelización. Todos los verdaderos discípulos de Jesucristo deben participar activamente en el testimonio personal del evangelio y hacerlo de manera que encarne la buena nueva. Cualquier esfuerzo evangelístico hacia los católicos debe ocurrir bajo la rúbrica bíblica de «gracia y verdad». Si la evangelización personal no se hace en gracia y verdad, no honra a Dios ni hace avanzar la causa del evangelio.

2. Utiliza las gramáticas de la expiación de Keller

Como ya se ha visto, la contextualización trata de comunicar el evangelio relacionándolo con los deseos más profundos de nuestros oyentes y haciendo un llamamiento para que lo entiendan y respondan. ¿Cómo podemos atraer a las personas de nuestros contextos cuando existen diferentes influencias sobre ellas que determinan su forma de pensar sobre el mundo y sus valores? Podemos utilizar muchos de los temas que comparte la Biblia.

La Biblia incluye tal diversidad que su mensaje puede relacionarse con cualquier relato cultural que podamos encontrar entre nuestros amigos. La Biblia habla del pecado y la salvación utilizando el lenguaje del exilio y el retorno, el templo, la presencia y el sacrificio de Dios, el pacto y la fidelidad, el reino y la victoria. Keller proporciona una herramienta útil para nuestros acercamientos evangelizadores utilizando las «gramáticas» o «lenguajes» bíblicos de la expiación, entendiendo que la expiación es la reconciliación entre Dios y la humanidad lograda mediante la obra de Jesucristo. Estas gramáticas pueden ayudarnos a compartir el mensaje evangélico de formas concretas con personas concretas.

He aquí los lenguajes, o gramáticas, a través de los cuales se puede presentar la obra de salvación de Cristo en la cruz:[9]

1. *El lenguaje del campo de batalla.* Cristo luchó por nosotros contra las fuerzas del pecado y de la muerte. Derrotó a las fuerzas del mal por nosotros.
2. *El lenguaje del mercado de esclavos.* Cristo pagó el precio del rescate, nos compró, pagando nuestra deuda. Nos libera de la esclavitud.
3. *El lenguaje del exilio.* Cristo fue desterrado y expulsado de la comunidad para que nosotros, que merecemos ser desterrados, podamos ser acogidos. Él nos lleva de vuelta a casa.

4. *Lenguaje del templo.* Cristo es el sacrificio que nos purifica y nos hace aptos para acercarnos al Dios santo. Él nos hace puros y bellos.
5. *Lenguaje del tribunal de justicia.* Cristo se presenta ante el juez y toma sobre sí el castigo que merecemos. Nos quita la culpa y nos hace justos.

Pensando en nuestros amigos católicos, ¿qué gramática es la más adecuada en nuestras conversaciones de evangelización? El lenguaje del templo puede ser una obviedad. Los católicos, especialmente los practicantes, están acostumbrados a los sacramentos de la eucaristía y la reconciliación y a una comprensión sacramental de su vida más general que implica el imaginario del templo. Para ellos, la Iglesia es el templo que administra la gracia de Dios a las personas. Es a través de los sacramentos de la Iglesia que pueden llegar a ser más santos. Es a través del sacerdote que su encuentro con Dios se hace sacramentalmente posible. Su vida transcurre en un templo lleno de santos, vivos y muertos, con los que pueden hablar. Si este es su contexto, podemos utilizar el lenguaje del templo para presentar al propio Jesucristo como el verdadero templo (Juan 2:21) y el Sumo Sacerdote que ha hecho todo lo necesario para nuestra salvación (Heb. 4:14-16). Él es el único Mediador entre Dios y la humanidad (2 Tim. 2:5) y el que recibe nuestras oraciones (Juan 14:14). Así, la gramática del templo puede resultar más significativa que otras entre los católicos.

El lenguaje del tribunal de justicia es menos familiar para los católicos actuales, que no están acostumbrados a enmarcar su relación con Dios en términos de justificación por la fe y el lenguaje bíblico de la imputación y el ajuste de cuentas. Es posible que necesiten explicaciones para comprender la gravedad del pecado y la importancia forense de la obra suficiente de Cristo en favor de los pecadores, al margen de las obras humanas (Rom. 3–5). El lenguaje del tribunal podría reformularse para pasar de una interpretación basada en las obras a un entorno bíblico y jurídico, en el que se ensalce la justicia de Cristo y se magnifique la expiación sustitutoria.

El lenguaje del exilio adopta una forma particular en la cultura católica, especialmente si tu amigo ha estado inmerso en una cultura de honor-vergüenza. Especialmente entre la generación de católicos de más edad, el sentimiento de culpa puede percibirse con fuerza, y da lugar a sentimientos fluctuantes de ser culpables de todas las cosas que hacen mal —por lo cual acuden a la iglesia en busca de la restauración sacramental— o de desestimar las normas por completo. La buena noticia de que Jesús asumió nuestra vergüenza cargando nuestros pecados (Heb. 12:2) es verdaderamente liberadora. Gracias a lo que Él hizo por nosotros, podemos confiar en que nuestros pecados fueron perdonados (Rom. 8:33-37) y que nuestro honor fue restaurado.

En cuanto a las demás gramáticas, pueden aplicarse en función de las circunstancias concretas de la vida. Es importante familiarizarse con todas para expresar el evangelio de forma pertinente, según la persona con la que se hable. Dicho esto, a veces pensamos que podemos elegir una gramática e ignorar las demás, pero no es así. Cada forma de presentar la expiación refleja una parte de las Escrituras y revela un aspecto único de nuestra salvación, pero podemos beneficiarnos utilizando más de una gramática. Además, ¿qué tienen en común? Todas comparten el tema central de la sustitución. Independientemente de la gramática utilizada, Jesús actúa como nuestro sustituto. Lucha contra el mal por nosotros, paga el precio de nuestra salvación y asume nuestro castigo. ¡Jesús es nuestro sustituto! Keller escribió que «el único tema que trae el mayor consuelo y habla al corazón de todos es la sustitución».[10]

¡La obra sacrificial de Jesús garantiza un final feliz! Estas gramáticas pueden adaptarse a los retos y deseos de cada persona, y los distintos lenguajes utilizados serán significativos para diversas personas y culturas. Por ejemplo, el lenguaje del campo de batalla y del mercado de esclavos atrae a quienes luchan contra la opresión y desean la libertad. El lenguaje del templo y del tribunal de justicia se dirige a quienes buscan alivio de la culpa y la vergüenza. Piensa en toda la gente de nuestras ciudades que está haciendo penitencia. El lenguaje del exilio habla a quienes se sienten alienados y rechazados. Pensemos, quizás, en las minorías y los inmigrantes de nuestros vecindarios, entre otros.

Así que te desafío a que aprendas estas gramáticas. Considera cuáles son las más relevantes en tu contexto y cómo pueden utilizarse en tus relaciones y en la vida de la iglesia para proclamar la buena nueva de Jesús, ¡el sustituto perfecto!

3. Aplica los puntos magnéticos de Strange

Además de aplicar las gramáticas de Tim Keller, también me ha resultado útil, cuando hablo con amigos católicos, hacer referencia a los cinco «puntos magnéticos» expuestos por el teólogo británico Daniel Strange.[11] Son cinco fundamentos que todos los seres humanos buscan y hacia los que se sienten atraídos magnéticamente. Por su presencia universal en la vida de las personas, pueden verse en los católicos.

Según Strange, cada religión responde de distintas maneras a estas cinco cuestiones. Sus respuestas son puntos de atracción para que la gente se sienta cautivada por ellos. Las cuestiones son:

1. La búsqueda de la totalidad: una forma de conectar con la realidad.
2. La necesidad de una norma: una forma de vivir.
3. El anhelo de liberación: una salida de la opresión.
4. El sentido del destino: una forma de controlar.
5. La realidad de un poder superior: una manera de estar a la altura de lo sobrenatural.

Según Strange, «estos puntos magnéticos actúan como una especie de "anatomía religiosa" de los seres humanos caídos».[12] Otras religiones suprimen la verdad de Dios y tratan de sustituirla por un relato alternativo, lo que da lugar a una confusa combinación de creencias y prácticas. De acuerdo con Strange, toda conversación religiosa toca uno o varios puntos magnéticos. De nosotros depende lograr transmitir el mensaje del evangelio mostrando cómo la buena nueva es la respuesta correcta para relacionarse con el mundo, vivir según la voluntad de Dios, liberarse del pecado, confiar en la providencia benévola divina y vivir en el poder del Espíritu Santo.

Todas las religiones, incluida la católica romana, ofrecen respuestas improbables e insuficientes a los puntos magnéticos. El evangelio subvierte estas respuestas y satisface los puntos magnéticos. En la oscuridad de la existencia humana, solo la proclamación del evangelio de Jesucristo puede traer la luz. La verdad se encuentra en Él. Este es el poder completo y vivo para la gente, el poder largamente suprimido y rechazado. Dan Strange comenta: «el evangelio de Jesucristo no elude los puntos magnéticos, sino que es el cumplimiento subversivo de los puntos magnéticos».[13] El evangelio no sustituye los puntos, sino que presenta a una Persona, Jesucristo, que los cumple y los concede a quienes creen: de hecho, «nuestra esperanza no está en un "qué", sino en un "quién"».[14] He aquí cómo lo hace.

1. *Totalidad.* Jesús dice: «Yo soy la vid, ustedes los sarmientos; el que permanece en Mí y Yo en él, ese da mucho fruto» (Juan 15:5). Nos conecta con Él, liberándonos de nuestro aislamiento.

2. *Norma.* Jesús dice: «No piensen que he venido para poner fin a la ley o a los profetas; no he venido para poner fin, sino para cumplir» (Mat. 5:17). Proporciona una norma moral para la vida y la muerte, basada en Su propio carácter, sin degradarse en moralismo.

3. *Liberación.* Jesús dice «Yo soy el camino, la verdad y la vida» (Juan 14:6). Solo Él trae una liberación consumada;

nosotros no podemos realizarla por nuestra cuenta, y somos liberados de la culpa y la vergüenza.

4. *Destino*. Jesús dice: «Yo soy el buen pastor; el buen pastor da Su vida por las ovejas» (Juan 10:11). Para aquellos que confían en Él, su destino no es la esclavitud, sino la plenitud en cuerpos resucitados.

5. *Poder superior*. Jesús dice: «Yo soy la Luz del mundo; el que me sigue no andará en tinieblas, sino que tendrá la Luz de la vida» (Juan 8:12). Él es el Poder Supremo que se convirtió en un ser humano que podemos conocer y amar personalmente.

Corresponde a la Iglesia ser un pueblo magnético, que vive el evangelio de una manera que da testimonio de la autoridad, el control y la presencia de Dios en y sobre todo. En nuestras conversaciones con amigos, Strange sugiere cuatro movimientos para emplear los puntos magnéticos: entrar en el mundo de nuestro prójimo, explorar su sistema de creencias, exponer sus debilidades y defectos, y evangelizar presentando a Jesús, siempre comunicando el evangelio de forma «holística y humana».[15] Como ya observé con las gramáticas de Keller, los puntos magnéticos de Strange también se aplican específicamente a nuestras conversaciones evangelizadoras con amigos católicos. Se pueden mencionar brevemente algunos ejemplos, en especial en lo que se refiere a los puntos relacionados con la totalidad, la norma y el poder superior.

Totalidad. El catolicismo romano proporciona un sentimiento de pertenencia a una historia y una comunidad mayores. Los católicos se sienten parte de algo histórico, global, cultural e institucional. Lamentablemente, la totalidad que ofrece el catolicismo romano no se basa en el evangelio bíblico y tiene múltiples grietas. A menudo, los católicos se desilusionan con la institución, desarrollan escepticismo y buscan la totalidad en tradiciones familiares arraigadas en la religión o en opciones seculares. Jesucristo otorga una identidad mucho mejor y más profunda. Nos da un lugar en Su familia histórica y global. En términos bíblicos, nos convertimos en un sarmiento entre muchos injertados en la vid (Juan 15:5), piedras vivas dentro de la casa espiritual (1 Ped. 2:5), espigas de trigo en el campo de Dios (1 Cor. 3:9), ovejas dentro de un rebaño innumerable (Juan 10:16), miembros nunca desconectados de todo el cuerpo (1 Cor. 12:27). Sin descuidar la identidad particular de cada persona, la visión bíblica es estrictamente colectiva. En resumen, someternos al liderazgo de Jesús como nuestra cabeza implica convertirnos en miembros de Su cuerpo (1 Cor. 12:12). Como comunidad de creyentes, la Iglesia, por imperfecta que sea, es, sin embargo, nuestro hogar espiritual, donde podemos encontrar compañerismo y apoyo.

Norma. A lo largo de los siglos, Roma ha desarrollado un detallado código moral para los fieles. Existen normas para todos los aspectos y momentos de la vida, a menudo presentadas en términos moralistas. Para ser un buen cristiano, debes cumplir estas normas como tu deber. En nuestro mundo contemporáneo, muchos católicos quieren desvincularse del marco moral de la Iglesia. Lo perciben como engorroso, si no opresivo, un código impuesto e impersonal. Tenemos la oportunidad de presentar a Cristo como Aquel que cumplió los requisitos de Dios y nos da la buena vida que anhelamos pero que no podemos encontrar fuera de Él (Juan 10:10).

La verdad de Cristo nos libera y nos da el deseo de seguirlo a Él y a Sus caminos.

Poder superior. Muchos católicos romanos se relacionan con lo sobrenatural formalmente a través de Jesucristo, pero en la práctica a través de la mediación de María y los santos y en el contexto de actos rituales o ceremonias como los «sacramentales», que pueden incluir agua bendita o aceite santo. El acceso a lo sobrenatural, incluidos los milagros, las visiones y la vida después de la muerte, está mediado por otros canales distintos de Cristo y a menudo se entrelaza con prácticas supersticiosas. El evangelio nos invita a temer solo a Dios, que es el Señor de todo, y nos presenta a Jesucristo como el único que murió, resucitó y ahora está sentado a la derecha del Padre, intercediendo por nosotros. Jesús ha vencido la muerte (1 Cor. 15:55-57) y nos ha dado un espíritu que no es «de cobardía, sino de poder, de amor y de dominio propio» (2 Tim. 1:7).

4. Cuatro consejos para compartir el evangelio

Las conversaciones nunca se producen en un vacío. Por eso es importante apreciar los distintos contextos en los que podemos encontrarnos. He aquí cuatro consejos que pueden ser de alguna ayuda para comunicar el evangelio a los católicos romanos. No son ni un proceso de cuatro pasos ni una fórmula para el éxito. Son más bien lecciones que he aprendido a lo largo de los años compartiendo el evangelio con católicos romanos.

Consejo práctico n.º 1: No des por sentado ni te bases en un lenguaje en común.

Los católicos romanos comparten gran parte de nuestro vocabulario, pero lo entienden de forma diferente. Por ejemplo, palabras como salvación, cruz, pecado y gracia se encuentran en la Biblia, pero los católicos romanos no las entienden de la misma manera. Se piensa en la salvación como un proceso abierto, donde nuestras obras y los méritos que obtenemos son necesarios para recibirla. La cruz se entiende más como la eucaristía celebrada por el sacerdote que como el sacrificio único de Jesús en el Calvario. El pecado se considera más una enfermedad que una muerte espiritual. Podríamos seguir y seguir. La cuestión es que las mismas palabras tienen significados diferentes.

Además, a menudo existe una brecha entre lo que enseña la Iglesia Católica Romana y lo que realmente creen y hacen las personas que se autodenominan católicas. El número de católicos independientes —es decir, de personas que son católicas a su manera—, es grande y sigue en aumento. No debemos suponer, solo porque alguien dice que es católico, que sus creencias son coherentes con la doctrina católica estándar.

En lugar de basarse en un supuesto terreno común que es más retórico que real, permite que la Biblia defina tu lenguaje y dirija tu conversación. Invita a tus amigos católicos romanos a que participen de la lectura de la Biblia, estudios bíblicos y conversaciones sobre la Biblia tanto como sea posible. No te acerques a ellos con una actitud que confronta, sino que invítalos a conocer las Escrituras y ora para que el Espíritu Santo abra sus corazones.

Cuando los católicos abren la Biblia, traen ideas preconcebidas sobre la Palabra escrita de Dios que debemos tener en cuenta. Durante siglos, se pensó que la Biblia era un libro para expertos (los sacerdotes), y no para el pueblo. Los católicos pueden temer que la Biblia sea un libro peligroso —recuerda que la lectura personal de la Biblia estaba desaconsejada, si no prohibida, para los católicos hasta hace sesenta años— y tener un escepticismo sobre ella absorbido de las lecturas críticas modernas, como si fuera un libro oscuro. Sin embargo, la Palabra de Dios es poderosa para romper la resistencia de la gente. Además, aunque durante la misa se leen fragmentos de la Biblia, el católico promedio no tiene una idea del flujo bíblico del evangelio y de la unidad de las Escrituras como un libro único pero compuesto. Asegúrate de ayudar a tu amigo a comprender los principios básicos de la interpretación bíblica mostrándole las conexiones entre el Antiguo y el Nuevo Testamento y cómo el evangelio de Jesucristo es el mensaje global de la Biblia.

¿Cómo leemos la Biblia y por dónde empezamos? Estas son las sugerencias de Mark Gilbert que también me resultaron útiles:[16]

- *Empieza en forma sencilla.* Comienza con uno de los Evangelios. Lucas es bueno para empezar, y también Marcos.
- *Léela como un libro.* Ayuda a tu amigo a apreciar el evangelio como un mensaje

basado en la historia, y no como un montón de textos aislados.

- *Escúchala.* En las culturas mayoritariamente católicas, la religión se ha enseñado más utilizando símbolos e imágenes. Lidiar con un texto no ha sido el principal recurso de la catequesis. Ayuda a tu amigo a reflexionar sobre el texto de la Escritura y a profundizar en él.
- *Haz preguntas.* La lectura de la Biblia es algo relativamente nuevo para la mayoría de los católicos. No dudes en hacerles preguntas sobre lo que entienden y cómo les afecta la Palabra. Prepárate para escucharlos y no los juzgues rápidamente. Ayúdalos a ver la riqueza y profundidad de la Palabra de Dios.
- *Haz algo al respecto.* Dios espera que a medida que lo conozcamos mejor en Su Palabra, nuestras vidas se vean impactadas. Así que actúen juntos sobre lo que han aprendido con una petición de oración, una línea de acción a la que comprometerse o compartiendo con otros lo que han aprendido.

Consejo práctico n.º 2: Prepárate para luchar con la naturaleza exclusiva del evangelio.

Cuando leas o compartas las Escrituras con tus amigos católicos, surgirán todo tipo de conversaciones interesantes. Por lo general, girarán en torno a las aristas filosas del evangelio.

Por ejemplo, los católicos romanos pueden tener un gran respeto por la Biblia, pero no es su máxima autoridad, así que cuando se enfrentan a algo que la Biblia dice que contradice lo que su iglesia enseña, prefieren cuestionar la autoridad de las Escrituras que la autoridad de la Iglesia romana. Además, los católicos romanos recomiendan creer en Jesús, pero la fe en Cristo no es suficiente para salvarse: es necesario que los hombres hagan algo más. Los católicos romanos muestran a menudo una especie de amor por Cristo, pero se apoyan en submediadores, María y los santos, que desvían la atención de Él y llenan sus vidas devocionales. En otras palabras, lo que está en juego con ellos es la aceptación de los principios de solo la Escritura, solo la fe y solo Cristo de la fe bíblica.

La mayoría de los católicos entenderían su condición espiritual en estos términos:

> Soy básicamente una buena persona, sin duda imperfecta y con algunos fallos, pero hago todo lo que puedo para obedecer las reglas de Dios. Hay tantas normas que es imposible cumplirlas, así que la confesión es una forma de afrontar mis fracasos. Cuando fallo, me esfuerzo más.

Lo que implica esta afirmación es un rechazo de las declaraciones exclusivas del evangelio. Lo que está en juego no es una creencia general en la fe o la gracia, que forman parte del vocabulario católico romano. El problema surgirá cuando la fe se entienda bíblicamente como el único medio para recibir la salvación de Dios y la gracia se entienda bíblicamente como el único fundamento para salvarse. Asegúrate de saber presentar claramente la enseñanza del evangelio de la sola fe y la sola gracia.

Consejo práctico n.º 3: Prepárate para mostrar los elementos personales de la vida cristiana.

Al leer juntos la Biblia, asegúrate de compartir cómo influye la Biblia en tu vida. En otras palabras, combina la lectura bíblica con tu testimonio personal. Este paso será muy útil porque animará a tus amigos a superar tres obstáculos.

- *Más allá de la religión:* Los católicos romanos nominales tienden a separar la vida normal de la religión. Asegúrate de mostrar cuidadosamente el impacto de la Palabra en la vida diaria, por ejemplo, en la experiencia personal, el trabajo, la iglesia y la sociedad. Puedes compartir tus luchas y problemas actuales. No se trata de pretender ser perfectos, sino de mostrar cómo el evangelio influye en nuestras vidas.
- *Más allá de la tradición*: Los católicos romanos tienden a ver la religión como un conjunto de prácticas que deben repetir como

parte de su identidad cultural. Como bien señala Ray Galea, «el catolicismo consiste tanto (o a veces más) en pertenecer como en creer».[17] Muestra la centralidad de una relación con Jesús, que es el Señor de toda la vida, y la importancia de la Palabra de Dios como autoridad final en todo lo que creemos y hacemos.

– *Más allá de la división entre clero y el laicado*: Muchos católicos tienden a considerar que la religión es una responsabilidad del clero que no tienen los laicos. Es el clero quien media en la religión. Muestra, en cambio, que todos somos responsables de alimentar nuestra vida cristiana en la devoción personal y el testimonio. La Iglesia está ahí para ayudarnos, no para sustituir la responsabilidad personal.

Un poderoso recurso al respecto es el libro de Timothy Keller, *El Dios pródigo.*[18] La parábola del evangelio en Lucas 15 es significativa entre los católicos. Se identifican especialmente con el síndrome del hermano mayor. De hecho, la base de la vida del hermano mayor puede resumirse con una famosa expresión latina: *do ut des*, o «Doy para que me des». El razonamiento del hermano mayor es el siguiente: «Padre mío, me esfuerzo por trabajar para ti, cumplo con mi deber, hago lo que me pides para que un día me des la herencia que merezco y que me corresponde. Hago todo esto para recibir de ti. Trabajo para obtener algo a cambio. Te doy una cosa para que me des otra».

Toda la religiosidad humana, incluida la católica romana, se construye en torno a un principio distorsionado: Le doy a Dios para que Él me dé a mí. Sin embargo, el padre pródigo ama a sus hijos. Les promete su herencia porque son sus hijos amados, no por nada que deban hacer. El Dios pródigo se relaciona con nosotros a partir de Su gracia inmerecida, a partir de Su amor que lo llevó a entregar a Su Hijo unigénito, nuestro Primogénito, para que diera Su vida por nosotros.

No se accede a la herencia del Padre por méritos: esta es la falsa religión del hermano mayor, pero no es la voluntad del Padre. La herencia de la salvación se recibe por gracia sobre la base de la filiación. Es solo por gracia. Uno se convierte en hijo, y por tanto en heredero, no porque lo merezca, sino porque el Padre adopta a un pecador penitente para convertirlo en hijo suyo. Una vez que te conviertes en hijo de Dios, cambias tu vida y aprendes nuevos caminos. Sin embargo, no por ser buenos y fieles nos convertimos en herederos. Es porque somos adoptados como hijos. A todos los que recibieron al Hijo, Jesucristo, Dios les dio el derecho de llegar a ser Sus hijos, es decir, a los que creen en Su nombre, que nacieron de Dios (ver Juan 1:12-13).

Consejo práctico n.º 4: Prepárate para integrar el testimonio personal y la vida eclesial.

Participar en la lectura de la Biblia y mostrar el poder del evangelio en la vida cotidiana no puede limitarse únicamente a nuestras experiencias individuales. Invita a otros amigos cristianos a la conversación para mostrar cómo el evangelio crea comunidades de seguidores de Jesús.

Recuerda que muchos católicos desvinculados siguen teniendo un sentimiento de pertenencia a la Madre Iglesia sin creer lo que enseña ni comportarse de forma acorde con su código moral. El *Catecismo* sigue siendo el punto de referencia doctrinal oficial para los católicos, y todos los requisitos para ser católicos en regla siguen vigentes. Sin embargo, la tendencia posterior al Vaticano II ha sido diluir las expectativas confesionales tradicionales de los fieles y apostar, en cambio, por la expansión del abrazo católico a todas las personas, independientemente de su adhesión confesional o de su coherencia con las normas de la Iglesia.

En otras palabras, el catolicismo romano actual es más «católico» que «romano», más interesado en ampliar la catolicidad o inclusividad de la Iglesia, como se previó en el Vaticano II, que en defender sus marcas «romanas» doctrinales-institucionales, incluida la correspondencia entre la fe profesada en el Credo y las realidades espirituales de la vida cotidiana. Una de las decisiones fundamentales tomadas en el Vaticano II fue maximizar el umbral sacramental de cómo se entra en la Iglesia —el bautismo—, y la condición sacramental de permanecer en la Iglesia —la eucaristía—, en lugar de la integridad confesional de los fieles. Como ha argumentado el sociólogo Luca Diotallevi, fue el fin de la «religión confesional» que solía ser el catolicismo romano desde al menos el Concilio de Trento.[19]

He vivido en Roma como pastor evangélico y teólogo durante casi quince años. La mayoría de los católicos que conozco asisten a misa solo en contadas ocasiones y balbucean el Credo cuando asisten, si es que lo recuerdan. Tienen teologías eclécticas y, en ocasiones, estilos de vida aún más eclécticos. Si es que lo retienen en su memoria, el Credo no da forma a su sistema de creencias ni a su vida. ¿Para cuántos cristianos nominales marca alguna diferencia en sus vidas la recitación del Credo? ¿Qué significa decir: «Creo...» para muchas personas que, a pesar de haber sido bautizadas y de asistir ocasionalmente a algún servicio religioso, no han sido regeneradas y, por lo tanto, no son creyentes confesionales en el sentido bíblico? Pueden recitar el Credo, pero esta profesión suele ser un ejercicio retórico con casi nada de valor espiritual.

Creer y pertenecer van de la mano. Los católicos romanos tienden a enfatizar lo segundo a expensas de lo primero. Muestra la realidad de que el evangelio forma una nueva comunidad, la Iglesia. Invítalos a la iglesia para que vean cómo es una comunidad evangélica. Ponlos en contacto con tus amigos cristianos y demuéstrales que no eres un cristiano aislado, sino miembro de una iglesia local.

Además, recuerda la importancia de las ordenanzas instituidas por Jesucristo para la Iglesia, especialmente la Cena del Señor. Los católicos no están acostumbrados a escuchar como principal forma de recibir un mensaje. Su mentalidad religiosa se orienta a ver y experimentar la religión a través de otros sentidos, como la vista, el tacto y el gusto, todo ello en el contexto de la comunidad. El bautismo y la Cena del Señor son el evangelio hecho visible, y tienen un impacto en la imaginación católica porque son signos visibles. Invita a tu amigo a un bautismo. Los servicios de tu iglesia local son herramientas evangelizadoras maravillosas para invitarlos a experimentar lo que significa que el evangelio se escuche y se vea.

La trayectoria de cada persona es diferente, por lo que la flexibilidad, la adaptabilidad y la paciencia deben practicarse una y otra vez. Además, toda conversión a Cristo es un milagro.[20] Cuando comuniques el evangelio a tus amigos católicos romanos, ora para que Dios se mueva en sus corazones y les haga ver la verdad del evangelio y responder a su mensaje con obediencia y fe.

Capítulo 4

Preguntas frecuentes mientras predicamos

Hemos llegado al último capítulo del libro. Después de examinar la realidad actual del catolicismo romano definiéndolo, de abordar la importancia crucial de la conversión personal a Cristo como marcador del cristianismo bíblico, y de explorar formas y compartir consejos para hablar de Jesús con nuestros amigos católicos, ha llegado el momento de abordar algunas cuestiones finales y prácticas para las conversaciones evangelizadoras. Esperamos que las respuestas ofrecidas, sin ser exhaustivas, aporten ideas útiles y elementos de reflexión.

Pregunta frecuente n.º 1: ¿Debemos orar con los católicos?

Cuando hablo en conferencias sobre el catolicismo romano y sobre cómo deben relacionarse los evangélicos con sus amigos católicos, suele surgir una pregunta: «¿Y la oración conjunta? ¿Pueden o deben los evangélicos orar con los católicos romanos?». Permíteme ofrecerte mis reglas generales, ya que yo también lucho con esta cuestión.

1. La Biblia dice claramente que debemos orar por todos los hombres y mujeres (por ejemplo, 1 Tim. 2:1), por lo cual es obligatorio orar por los amigos, compañeros y familiares que sean católicos romanos. No cabe duda de que orar por los católicos romanos es una responsabilidad divina para todos los evangélicos.

2. La cuestión se complica cuando se habla de orar con católicos romanos. Orar con alguien es una actividad espiritual que presupone la existencia de vínculos espirituales o de comunión en Cristo. En otras palabras, la oración con alguien es legítima cuando los que oran juntos son hermanos en Cristo, y unen sus corazones y sus voces para alabar al Dios trino e interceder por diversas preocupaciones en nombre de Jesucristo. Aquí radica el problema: según la doctrina católica romana, uno se convierte en cristiano en el bautismo, que normalmente se recibe cuando la persona es un recién nacido.[1] Es el sacramento del bautismo el que convierte a alguien en cristiano. Esto es lo que dice el *Catecismo*:

> El santo bautismo es la base de toda la vida cristiana, la puerta de entrada a la vida en el Espíritu (*vitae spiritualis ianua*) y la puerta que da acceso a los demás sacramentos. A través del bautismo somos liberados del pecado y renacemos como hijos de Dios; nos convertimos en miembros de Cristo, somos incorporados a la iglesia y hechos partícipes de su misión: «El bautismo es el sacramento

> de la regeneración por el agua en la palabra» (n. 1213).

En la fe evangélica, uno se convierte en cristiano en el momento de la conversión, cuando una persona cree en el evangelio de Jesucristo. El punto de inflexión no es la recepción de un sacramento (el punto de vista católico romano), sino la fe personal que da como resultado una vida transformada (el punto de vista bíblico). La realidad es que una persona católica romana puede haber recibido el sacramento del bautismo pero no ser creyente en Cristo, porque nunca se convirtió. Si este es el caso, no se trata de un hermano en Cristo, y por lo tanto, no hay vínculo espiritual en Él, haciendo imposible elevar nuestras oraciones conjuntas a Dios. Podemos orar por esta persona, podemos por supuesto orar con ella, pero debemos prestar atención a no dar a entender que estamos unidos en Cristo, si ella no es creyente en el sentido bíblico. En mi experiencia diaria con mis vecinos católicos romanos, la mayoría fueron bautizados por la Iglesia Católica Romana, pero no muestran ninguna evidencia de una vida espiritual tal como se entiende bíblicamente. No puedo relacionarme con ellos como hermanos y hermanas espirituales. Aunque oro gustosamente por ellos, no les pido sus oraciones, ni oro con ellos suponiendo que somos hermanos en Cristo.

3. Otra razón por la cual la oración en común es imposible es que el catolicismo romano cree en un relato del evangelio diferente al bíblico. Hay algunas coincidencias en el lenguaje, pero las verdades básicas del evangelio —como la autoridad suprema de la Biblia en todas las cuestiones de fe y

la vida o la salvación solo por la fe— están fundamentalmente oscurecidas en el catolicismo. De compromisos diferentes surgen apreciaciones contrapuestas del evangelio. Por ejemplo, dado que la Escritura no es la norma suprema y se considera que contribuimos a nuestra salvación por los méritos de los santos, el catolicismo romano prescribe la oración a los santos y a María como intercesores. Estas no son oraciones bíblicamente justificadas. Si oras con un católico romano, puede que utilicen palabras similares pero expresen compromisos de fe diferentes. Es mejor evitar generar confusión y ambigüedad y abstenerse respetuosamente de la oración conjunta si las personas implicadas aún no han dado señales de convertirse a Cristo. Que sean católicos romanos no significa necesariamente que sean hermanos en la fe.

4. No niego que haya católicos romanos realmente convertidos. La gracia de Dios actúa en los hombres y mujeres que confían únicamente en Jesucristo para su salvación y desean seguir la Palabra de Dios. Sin embargo, estas personas tienen un problema con su identidad católica romana. Si solo siguen a Cristo según la Biblia, son incoherentes con su fe católica romana. Puede que sean creyentes en el sentido bíblico, pero son católicos romanos incoherentes. Mientras nos animamos unos a otros a crecer en nuestra fe, incluso si esto significa cuestionar las creencias y las prácticas católicas romanas, si un católico romano se convierte a Jesucristo y no se conforma solo con estar bautizado, podemos orar con él en ambientes informales y privados.

5. Me abstengo de participar en la oración conjunta en entornos y eventos públicos. Aparte de las razones anteriores, especialmente las números 2 y 3, hay otra consideración.

Una vez que oras con alguien en público, has transmitido que todos los participantes comparten la misma fe cristiana y son hermanos en Cristo. Las diferencias existentes no son más que notas a pie de página que no impiden la comunión. Dado que el relato católico del evangelio es erróneo, si participamos en la oración pública conjunta con católicos, aceptamos como legítima su versión del evangelio, con solo pequeñas inquietudes sobre cuestiones secundarias: este es el mensaje simbólico que se transmite, al menos. Este mensaje es aún más fuerte cuando las personas con las que oramos son sacerdotes católicos romanos. Si oramos en público con ellos, parece que reconocemos que la Iglesia a la que pertenecen y el relato del evangelio que esta promueve son expresiones bíblicas de la Iglesia y apreciaciones suficientemente fieles del evangelio. Debemos prestar atención al poder de los símbolos. Las reuniones ecuménicas que incluyen oraciones conjuntas suelen tener por objetivo afirmar que todos los participantes reconocen a sus respectivas comunidades como expresiones legítimas de la Iglesia bíblica.

6. En los círculos ecuménicos europeos, la Iglesia Católica Romana y el Consejo Mundial de Iglesias organizan numerosos actos conjuntos de oración durante la Semana de Oración por la Unidad de los Cristianos, del 18 al 25 de enero. Su visión del evangelio y de la unidad se basa en el sacramento del bautismo y no en la conversión personal a Cristo. El mensaje simbólico que promueve esta iniciativa es que todos los cristianos, independientemente de la confesión o tradición a la que pertenezcan, son uno, unidos como hermanos. Como este no es el caso, yo no participo. Aunque estoy dispuesto a dialogar con los católicos romanos en todos los ámbitos,

considero que la oración conjunta es privilegio de los cristianos nacidos de nuevo, no de los miembros representativos de los distintos organismos eclesiásticos.

Pregunta frecuente n.º 2: ¿Podemos cooperar con la Iglesia Católica Romana?

En nuestro mundo globalizado, los evangélicos se enfrentan a una serie de preguntas: ¿Debemos colaborar con los católicos? ¿En qué temas o áreas? ¿Hasta dónde debemos llegar? ¿Es posible dedicarnos a las misiones juntos? No cabe duda de que mucho depende de los diversos contextos en los que se planteen estas preguntas y de quiénes participen en ellas. Por ejemplo, una cosa es trabajar con católicos individuales o grupos de laicos; otra cosa es unir esfuerzos con la Iglesia institucional de Roma. Una cosa es trabajar juntos en áreas de interés común en la sociedad, como la promoción de los valores judeocristianos, y otra muy distinta es comprometerse en una misión y evangelización comunes.

1. Alianza y cobeligerancia

Al considerar la posibilidad de colaborar con los católicos, puede ser útil recordar la lección del apologista evangélico del siglo XX Francis Schaeffer (1912-1984). Schaeffer fue un líder cristiano que introdujo la expresión «cobeligerancia» en el vocabulario cristiano actual. En medio de las transiciones culturales de los años setenta, animó a los evangélicos a unirse a personas de otras convicciones religiosas para promover preocupaciones específicas compartidas por un sector transversal de la sociedad y amenazadas por las tendencias seculares, especialmente en el ámbito de los valores morales básicos. El llamado de Schaeffer a comprometerse en la esfera pública, colaborando con los no cristianos, ha sido uno de los factores motivadores de la reciente implicación evangélica en la sociedad.

Al sugerir una justificación para la cobeligerancia, Schaeffer hizo una distinción entre la formación de alianzas y la participación en la cobeligerancia. Por un lado, una alianza es un tipo de unidad basada en la verdad y, por tanto, los cristianos nacidos de nuevo deberían restringir sus alianzas a aquellos que reciben las Escrituras como norma de sus vidas. Por otro lado, la cobeligerancia se centra en un asunto concreto y está abierta a todos los que comparten una preocupación al respecto, sean cuales sean sus antecedentes y objetivos motivadores. Así la define Schaeffer: «Un cobeligerante es una *persona con la que no estoy de acuerdo en muchos asuntos importantes, pero que, por las razones que sean, está en el mismo bando en una lucha por alguna causa específica de justicia pública*».[2] Schaeffer creía que esta distinción entre alianzas y cobeligerancia reflejaba los principios bíblicos sobre la unidad entre los creyentes y la cooperación con personas de diferentes credos. La cobeligerancia no es otra forma de hablar de ecumenismo. Lo segundo tiene que ver con la unidad de los creyentes según la Biblia; lo primero está relacionado con los posibles esfuerzos de cooperación entre personas que no están de acuerdo sobre las verdades centrales del evangelio.

2. Fundamento bíblico

La distinción entre alianza y cobeligerancia refleja la enseñanza de las Escrituras. La unidad existe en lo más profundo del pueblo de Dios sobre la base de una fe común en Jesucristo (Ef. 4:1-16). Esta unidad permite alianzas en términos de culto, oración, evangelización y testimonio del evangelio. Esta unidad permite a la Iglesia cumplir la Gran Comisión en todo el mundo, discipulando juntos a las naciones (Mat. 28:16-20). Esta unidad muestra el poder del evangelio para reconciliar a personas diferentes en torno al mismo Señor Jesús, que envía a Su pueblo a llevar el mensaje de reconciliación al mundo (2 Cor. 5:17-20). Esta unidad no tiene nada que ver con la cobeligerancia.

La Escritura distingue claramente la unidad de los creyentes en Cristo de otros tipos de relaciones sin separarlas. La Biblia ordena a todos los hombres y mujeres, cristianos incluidos, habitar la tierra con responsabilidad, cuidando del mundo y conviviendo pacíficamente con los demás en la medida de lo posible. También anima a la Iglesia a desarrollar y mantener buenas relaciones con sus vecinos y a comprometerse con el bien de los demás (Gén. 1:27-31; Jer. 29:5-7; Tito 3:1-2). Al hacer lo que exige la Biblia, estaremos en contacto con personas diferentes que sostienen una pluralidad de visiones del mundo y practican una variedad de estilos de vida. Puede que nuestros familiares, compañeros de trabajo, de piso y amigos no sean creyentes, pero estamos llamados a convivir con ellos pacíficamente por el bien de la comunidad.

En cierto sentido, la cobeligerancia es necesaria, útil e incluso inevitable. Es una tarea de la humanidad que Dios nos ha dado. Forma parte de nuestra vocación vivir en este mundo sin ser del mundo (Juan 17:14-18). Para el cristiano, ni la retirada total ni la autoexclusión del mundo son opciones viables. La vida cristiana exige desarrollar y alimentar múltiples redes de relaciones sociales. Una fe madura puede mantener relaciones con personas diferentes sin perder su identidad cristiana y sus compromisos evangélicos. Lo importante es practicar la distinción entre alianza y cobeligerancia.

3. ¿Alianza o cobeligerancia?

Para resumir las preguntas que planteé al principio, ¿deben los evangélicos entablar alianzas o actos de cobeligerancia con los católicos romanos? Schaeffer alentaba la cooperación con personas de todas las creencias, pero limitaba las alianzas a los cristianos renacidos y creyentes en la Biblia, excluyendo por tanto a la Iglesia de Roma como institución. La cuestión básica a tratar es si el evangelio católico sostenido por la Iglesia de Roma es o no el evangelio bíblico en sus contornos básicos. La respuesta a esta pregunta lleva a la respuesta de la anterior. Si la respuesta es sí, el evangelio católico romano es el evangelio bíblico, entonces se deduce que no se deben poner restricciones teológicas a las alianzas con los católicos. Si la respuesta es no, el evangelio católico romano difiere del evangelio bíblico de manera significativa, entonces debemos practicar un cuidadoso discernimiento para no difuminar la distinción entre colaborar en cuestiones sociales y participar en la misión común. Lo primero es posible; lo segundo, no.

Pregunta frecuente n.º 3: ¿Cómo debatimos con los católicos?

El 20 de junio de 2023, en Nápoles, Italia, tuve el privilegio de debatir sobre mi libro, *Palabras iguales, mundos diferentes: ¿Creen los católicos romanos y los evangélicos en el mismo evangelio?*, con un distinguido teólogo católico romano, Edoardo Scognamiglio, profesor de Teología Dogmática en la Pontificia Facultad Teológica del Sur de Italia. Scognamiglio es autor de varios libros sobre cristología, diálogo interreligioso y ecumenismo.

El acto, al que asistieron unas ochenta personas, estuvo bien moderado por un pastor local, y fue seguido de un turno de preguntas y respuestas. En la conversación, surgieron dos versiones diferentes del evangelio. El diálogo se desarrolló con calma y respeto. Resumí el contenido de uno de sus libros,[3] presentando un análisis sistemático de la teología y la práctica católica romana y argumentando que el uso común de palabras de la Biblia no significa que la fe evangélica y la católica romana crean lo mismo. Las palabras «iglesia», «gracia», «perdón», «misericordia», «justificación», «evangelización» y «misión» reciben significados diferentes, porque Roma no está comprometida solo con la Escritura. En cambio, la Iglesia católica mezcla la Biblia con sus propias tradiciones, lo que en última instancia da como resultado una versión diferente del evangelio.

Scognamiglio demostró ser un estudioso serio. Su lectura de mi libro fue apreciativa y positiva. También reiteró que el catolicismo romano contemporáneo quiere abrirse a los evangélicos, así como a todos los demás, pero no está realmente interesado en un camino de reforma bíblica. De las palabras de Scognamiglio se desprende una actitud conciliadora, no de hostilidad como ocurría en el pasado, al menos en Italia. Al fin y al cabo, según su visión, moldeada por el Vaticano II y su perspectiva ecuménica, todos somos cristianos, todos somos hijos de Dios. Se puso de manifiesto que el catolicismo romano es la religión del «ambos/y», según la cual las diferentes versiones de la fe cristiana son complementarias, mientras que el catolicismo romano, en su opinión, disfruta de la plenitud de esa fe.

Scognamiglio reconoció que no todos los católicos romanos son discípulos de Cristo, pero ¿cómo puede conciliarse esta afirmación con el dogma católico romano de que el bautismo es el sacramento que quita el pecado original y regenera a quien lo recibe? También admitió que las devociones populares, como la veneración de la «sangre» licuable de San Genaro, famosa en Nápoles, podían ser desviadas, pero ¿cómo puede conciliarse esta admisión con la aprobación oficial católica romana de prácticas contrarias a las Escrituras?

La conversación pública con el profesor Scognamiglio fue un útil ejercicio de diálogo. Hay que subrayar la importancia de debatir públicamente sobre la fe. Jesús debatió con los escribas, Pablo razonó con los filósofos, Ireneo escribió contra los herejes, Lutero se enfrentó a Cayetano, Calvino replicó a Sadoleto, y podríamos seguir y seguir. La fe bíblica no teme enfrentarse públicamente a otros puntos de vista.

Tras presentar mi mencionado libro en el contexto de debates con teólogos católicos romanos, recogí tres lecciones para el diálogo público. Espero que también sean útiles en las conversaciones cotidianas, tanto dentro como fuera del contexto europeo.

1. Cuestiona la «mística» de la unidad ecuménica

Los actuales teólogos católicos romanos son hijos del Vaticano II y han absorbido su teología proecuménica. Por lo general, tienen una visión entre neutra y positiva de la teología protestante, a menudo equiparándola con la teología liberal, posliberal o barthiana, mientras que muestran poco conocimiento de la teología evangélica, para la cual no tienen categorías. Tienden a alabar las cosas buenas que perciben en el protestantismo, como la tradición de accesibilidad a la Biblia y la responsabilidad personal en la ética. En sus estudios, se les ha enseñado que el siglo ecuménico, es decir, el siglo xx, superó la división entre Roma y la Reforma. La narrativa ecuménica les dice que, con el Vaticano II, la Iglesia Romana ha absorbido los elementos positivos de la Reforma, injertándolos en la tradición católica romana. En su opinión, la Reforma ha terminado; hoy es el momento de la unidad. Este tipo de «mantra» puede abordarse contraculturalmente.

Al relacionarse con pensadores católicos romanos, uno debe ser consciente de su procedencia y estar preparado para ofrecer una visión diferente. El evangélico debe presentar una contranarrativa según la cual la Reforma no ha terminado, dado que, a pesar del lenguaje común utilizado por evangélicos y católicos, las cuestiones que surgieron durante la Reforma siguen entre nosotros. Roma rechazó la autoridad suprema de la Biblia y la salvación solo por la fe, y todavía las rechaza. El documento de 2016, «¿Ha terminado la Reforma?», firmado por cientos de líderes evangélicos de todo el mundo, es útil para poner de relieve estas divisiones en curso.[4]

2. Mantén la intencionalidad apologética

Debido a su actitud ecuménica, los teólogos católicos romanos no tienen un gran deseo de emprender una apologética significativa. En su opinión, el Concilio de Trento, que anatematizó la Reforma, pertenece al pasado, y sus condenas contra los protestantes deben leerse a la luz de la visión positiva de los cristianos no católicos en el Vaticano II. Hacer teología «polemista», como argumentar a favor de las posturas católicas romanas en contra de las protestantes, es algo que generalmente les disgusta y no quieren hacer. En cambio, quieren aunar diferentes perspectivas y buscar lo que hay de bueno en cada una, sin analizar críticamente lo que está mal. Prefieren buscar la catolicidad de la doctrina y la práctica, abrazando la diversidad en la unidad. No quieren hacer apologética; quieren hacer ecumenismo.

Siempre me he sentido responsable de mantener un tono apologético en mis conversaciones con teólogos católicos romanos. El riesgo de perderlo y transformar el diálogo en una celebración de nuestra supuesta unidad es real. Sin ser emocionalmente antagónico, el teólogo evangélico tiene la tarea de plantear las cuestiones críticas, entre ellas, la autoridad de las Escrituras, la exclusividad de Cristo, la necesidad de conversión y el llamado a abandonar la idolatría, y argumentar que el catolicismo romano es contrario al cristianismo bíblico en varios puntos fundamentales. Tal vez no sea agradable decirlo, pero es necesario por el bien del evangelio. La apologética es un privilegio y una responsabilidad de todos los cristianos.

3. *Concéntrate en temas del evangelio*

El diálogo con un teólogo católico romano es una fiesta intelectual. Por lo general, se trata de un académico sofisticado, experto en muchos temas. Sin embargo, existe el riesgo de que la conversación se convierta en un ejercicio estéril, en el que solo dos o más expertos conversan, perdiendo el enfoque evangélico que siempre debe tener una teología sana. También existe el peligro de desviar el diálogo hacia oscuras disputas sobre detalles históricos y doctrinales. Si la conversación se desvía hacia cuestiones periféricas o se vuelve polémica sobre elementos secundarios, debemos reconducirla al evangelio. El evangelio debe estar siempre en el centro. Cuando me reúno con teólogos católicos romanos, mi primer compromiso no es ser un defensor público del movimiento evangélico, sino ser un embajador del evangelio. Una vez, mientras debatía sobre mi libro con una teóloga laica en Sicilia, ella hizo un comentario sobre las injusticias cometidas por los protestantes a lo largo de los tiempos. Respondí: «Estoy de acuerdo contigo. Hemos cometido muchos errores y debemos disculparnos por ellos. Por esto mismo necesitamos el evangelio». Luego volví a hablar de la buena nueva de Jesús.

Las importantes diferencias entre el catolicismo romano y la fe evangélica no invalidan en absoluto la utilidad y la importancia del diálogo. Al tiempo que se mantiene una identidad clara, no se debe evitar el encuentro con otras comunidades religiosas para compartir, defender y encomiar el evangelio. El evangelio debe proclamarse a todos con respeto, persuasión y competencia. La convicción subyacente del cristiano es que la verdad es poderosa, y el Espíritu Santo la utiliza para regenerar los corazones y las mentes. El Señor ha prometido que Su palabra nunca vuelve vacía.

Pregunta frecuente n.º 4: ¿Qué hay de nuestras similitudes y diferencias?

Los creyentes renacidos y los católicos comparten similitudes aparentes en el lenguaje que utilizan (por ejemplo, «evangelio», «Dios», «salvación») y en algunas prácticas que influyen en sus vidas (por ejemplo, la oración). Al mismo tiempo, existen diferencias significativas entre ellos. Teniendo en cuenta tanto las proximidades como las distancias, he aquí una lista de preguntas que pueden plantear nuestros amigos católicos en las conversaciones sobre el evangelio.

1. ¿Cuáles son las similitudes entre el catolicismo y la fe evangélica?

El lenguaje entre las dos religiones es similar, pero los significados son diferentes. Hablamos de «gracia», pero para el catolicismo, es una fuerza que se infunde a través de los sacramentos; en el mensaje evangélico, es Dios quien se da a sí mismo en Cristo a través del Espíritu. Roma confunde justificación y santificación, mientras que en la Biblia, la justificación es la justicia de Cristo imputada al pecador por la sola fe de la que nace el camino de la santificación. La Biblia es la misma, aparte de los libros deuterocanónicos del Antiguo Testamento, pero la forma en que recibimos, interpretamos y respondemos a la Escritura es diferente. El lenguaje común sobre la Tri-unidad de Dios y la divinidad de Jesucristo puede parecer el mismo. Sin embargo, dadas las diferencias en todos los ámbitos doctrinales y prácticos, no existe una profunda coincidencia ni siquiera en las doctrinas trinitaria y cristológica. La aparente similitud es más formal que real.

2. *¿Cuáles son los principales puntos de diferencia?*

La Palabra de Dios es una diferencia crucial. Para Roma, la Biblia forma parte de la Palabra de Dios, junto con la tradición y el magisterio; para la fe evangélica, la Escritura es la Palabra de Dios escrita, inspirada y autorizada que da fe veraz del Verbo de Dios encarnado: Jesucristo. La doctrina de la Reforma de *Sola Scriptura* resume esto. Otro punto crucial de diferencia se refiere a la salvación. Para la fe evangélica, nos salvamos solo por Cristo y solo por la fe. Para Roma, la mediación de los sacramentos y el papel de nuestras obras son centrales. Aunque existen muchas diferencias entre la fe católica romana y la fe evangélica en varios ámbitos —entre ellos, la mariología, la iglesia y las prácticas devocionales—, todas esas diferencias están interconectadas y, en última instancia, provienen de una orientación fundamentalmente divergente que da forma a todas las doctrinas y prácticas. Esta divergencia no puede explicarse en términos psicológicos, históricos o culturales, ni se deriva de diferentes énfasis doctrinales que de algún modo podrían hacerse complementarios en la síntesis católica. La divergencia parte de los compromisos básicos sobre la Biblia y la salvación y se extiende a todas las demás áreas.

3. ¿Creemos en María?

Para los cristianos creyentes en la Biblia, la mariología es una fuente de perplejidad. Amamos a María, pero no podemos aceptar lo que ha sucedido con la memoria de la joven llamada por Dios Padre para ser la portadora del Señor Jesús. No vemos cómo puede conciliarse la María bíblica con la María hipertrófica de la mariología posterior. Parece responder a reglas y criterios que van mucho más allá de lo que está escrito en la Biblia. La mariología católica romana, tal como se presenta actualmente, debe pasar por un proceso de deconstrucción radicalmente bíblico si quiere convertirse en una opción cristiana bíblicamente definida y viable. Toda la acumulación estratificada de sugerencias, expansiones y desarrollos marianos debe pasar por el sano refinamiento de la clara enseñanza bíblica para que se le dé forma escritural. Lo que realmente hizo María fue dirigir nuestra atención hacia el Hijo, el Señor Jesucristo.[5]

4. ¿No estamos de acuerdo sobre la Trinidad?

Un tema recurrente en el discurso ecuménico es que todas las tradiciones religiosas históricas —el catolicismo romano, la ortodoxia oriental y las diversas ramas del protestantismo— difieren en la forma de entender la salvación y la naturaleza y el papel de la Iglesia y los sacramentos, pero están de acuerdo en las doctrinas cristianas de la Trinidad y la cristología. Si bien esto es formalmente cierto en un sentido, una mirada más profunda y cercana revela grietas en esta suposición generalizada. El contraste entre el catolicismo y el evangelicalismo es más evidente y marcado en las áreas de la salvación y la iglesia; sin embargo, estas áreas están inextricablemente relacionadas con la doctrina trinitaria como núcleo de la teología cristiana. En este contexto, el supuesto consenso sobre el marco trinitario de la fe cristiana parece más limitado de lo que a menudo se piensa. Además, los cambios dentro de la Iglesia católica durante los siglos posteriores a la clarificación temprana de las doctrinas de la Trinidad y la cristología indican que esta adhesión puede ser más formal que sustancial.[6]. La forma en que se recibe, se cree y se aplica el marco trinitario indica una *importante* distancia entre las dos tradiciones a pesar de los puntos de acuerdo formales. Las palabras utilizadas son las mismas, pero los mundos teológicos que abren son diferentes.

5. *¿No somos todos cristianos?*

La suposición generalizada en el mundo actual es que el cristianismo bíblico abarca a todos los que se identifican como cristianos, ya sean católicos romanos, protestantes, ortodoxos orientales u otra cosa. La Biblia, sin embargo, enseña que los cristianos son discípulos de Cristo, aquellos que han nacido de nuevo y se han convertido. La conversión señala un tiempo en el que no estábamos convertidos y un tiempo en el que nos convertimos y creímos, al apartarnos de nuestros ídolos y ser perdonados de nuestros pecados. Según el catolicismo romano, la regeneración sucede en el bautismo, y la conversión es un proceso continuo en lugar de una experiencia única. Estamos en permanente necesidad de convertirnos, y eso encaja con la visión católica romana sacramental de la vida cristiana, según la cual dependemos de los sacramentos de la iglesia de principio a fin. Los católicos y los evangélicos usamos la misma palabra, «cristianos», pero nos referimos a cosas diferentes. Por lo tanto, necesitamos subrayar lo crucial de la conversión bíblica. Ser etiquetado como cristiano por un sacramento recibido o por pertenecer a una familia o cultura cristiana no convierte a nadie en discípulo de Cristo. El mensaje del evangelio debe proclamarse a todos, y muchos católicos no saben lo que es el evangelio; es un acto de amor y un deber cristiano entablar conversaciones evangélicas con ellos. El evangelio debe compartirse con amor. Nuestra actitud debe ser paciente, comprensiva, atenta, pero también presentar un desafío. Entonces, si un católico lee la Biblia y cree en Cristo, debe abandonar los ídolos.

6. ¿Y la justificación? ¿No se ha resuelto ese problema?

Hace 500 años, se discutió mucho sobre la justificación por la fe. ¿Es la fe suficiente para ser justificado, como argumentaban los reformadores, o es la fe solo necesaria pero no suficiente, como refutó el Concilio de Trento? Muchas personas han prestado atención, con razón, a la «Declaración Conjunta sobre la Doctrina de la Justificación» (DCDJ) de 1999, firmada por la Iglesia Católica Romana y la Federación Luterana Mundial. Creen que el desacuerdo ya está resuelto. En la DCDJ, la Iglesia católica utiliza el lenguaje de «solo por gracia» (n. 15) y lo aplica a la justificación. Sacada de contexto, la frase tendría sentido desde una perspectiva evangélica. Sin embargo, debe entenderse en relación con el documento completo de la DCDJ. Para la Iglesia católica, «solo por gracia» significa que la gracia está intrínseca, constitutiva y necesariamente ligada a los sacramentos, y por tanto, a la iglesia que lo administra y a las obras implementadas por ella. Por lo tanto, la salvación no puede ser solo por gracia mediante la fe. En la DCDJ, se intenta volver a describir esta concepción teológica de la salvación en un lenguaje que parezca bíblico. Sin embargo, la nueva descripción no cambia la teología del Concilio de Trento, según la cual la gracia es sacramental y se experimenta dentro de un proceso de salvación abierto, en lugar de fundamentarse en una declaración de Dios basada en la justicia de Cristo, una dinámica sinérgica del proceso de salvación. La comprensión de la DCDJ de la gracia parece estar más en consonancia con la herencia católica del Concilio de Trento, en una forma actualizada, que con la teología protestante clásica. En este sentido, la DCDJ es un claro ejercicio de mayor catolicidad por parte de Roma, demostrando su capacidad para absorber ideas sin cambiar su núcleo. El catolicismo romano no se ha vuelto más evangélico en el sentido bíblico. El abismo sobre la justificación por la fe que separa a Roma de la fe protestante se mantiene.[7]

7. ¿Es posible ser un creyente nacido de nuevo en la Iglesia católica?

Puede darse el caso de que tu amigo o vecino católico muestre signos de verdadera regeneración y auténtica devoción a Cristo y, sin embargo, asista a la Iglesia católica, siga recibiendo los sacramentos y participe de las fiestas religiosas.

Parece amar a Cristo y confiar solo en Él para su salvación. ¿Qué hacer en estos casos? En primer lugar, alegrémonos de que la gracia de Dios actúa en todas partes. No es nuestra afiliación eclesiástica lo que nos salva, sino solamente Cristo y solo por la fe. Lo que importa es ser un creyente nacido de nuevo. Sin embargo, está el otro lado de la moneda. Como sostiene el documento de la Alianza Evangélica Italiana:

> La gracia de Dios actúa en hombres y mujeres que, aunque se consideren católicos, confían solo en Dios y buscan desarrollar una relación personal con Él, leer las Escrituras y llevar una vida cristiana. Sin embargo, hay que animar a estas personas a reflexionar sobre si su fe es compatible con la pertenencia a la Iglesia católica. Hay que ayudarlas a examinar críticamente los elementos católicos residuales de su pensamiento a la luz de la Palabra de Dios (n. 12).[8]

Aunque las personas católicas pueden mostrar signos de regeneración y por lo tanto ser verdaderos creyentes, la Iglesia Católica Romana no es el mejor lugar o contexto para que ocurra el discipulado y crecimiento bíblico. Su sistema de creencias es bíblicamente defectuoso y ofusca el evangelio en el mejor de los casos. Sus prácticas se caracterizan a menudo por las concesiones y desviaciones espirituales (por ejemplo, la veneración de María, las indulgencias, la adoración eucarística). Su marco institucional se asemeja más al de un imperio que a lo que debería ser la iglesia bíblica. Sus compromisos fundamentales no se articulan en torno a la sola Escritura como autoridad suprema. Esto quiere decir que, tarde o temprano, un cristiano renacido que aún se identifique como católico debe aceptar distanciarse de la Iglesia Católica Romana y formar parte de una iglesia evangélica creyente en la Biblia y centrada en Cristo. Puede llevar tiempo y ser un proceso largo y quizás doloroso, pero este resultado no puede pasarse por alto. El evangelio nos obliga a seguir a Cristo y a obedecer Su Palabra. La Iglesia Católica Romana no es el lugar donde esto puede suceder a largo plazo y con resultados espiritualmente fructíferos.

Apéndice 1

Solo Cristo: Un sermón para todos, especialmente para nuestros amigos católicos[1]

Lecturas bíblicas: Isaías 53:1-12; 1 Juan 2:1-2

La palabra «cristiano» tiene a Cristo en su centro. Un cristiano es un seguidor de Cristo. El nombre se dio en la ciudad de Antioquía cuando la comunidad de discípulos de Jesús empezó a consolidarse fuera de las fronteras de Judea (Hech. 11:26). Surgió la necesidad de nombrar a estas personas y se acuñó el término «cristiano». Es evidente, pues, que el cristianismo lleva en su ADN la persona y la obra de Jesucristo. Sin embargo, en el siglo XVI se hizo necesario volver a esa definición porque la referencia a Cristo se había vuelto genérica y confusa. La Reforma protestante insistió en la expresión «solo Cristo». La centralidad de Jesucristo estaba amenazada y el foco sobre Jesús se había difuminado. Era necesario volver a poner a la persona de Jesús en el único lugar digno de Él: el centro.

Hoy en día, muchas personas se llaman a sí mismas cristianas porque tienen una conexión remota con una imagen desvaída de Cristo. Es un nombre que puede decir poco, casi nada. Quizás te encuentres en esta situación. Naciste en el seno de una familia cristiana, llevas ese nombre pegado a ti desde niño, pero más allá de alguna pequeña emoción que despierta, el nombre no dice mucho de ti, y está alejado de tu vida. Hoy necesitas oír lo que significa «solo Cristo». Al fin y al cabo, los problemas de hace 500 años no distan tanto de los de hoy. Mucha gente se refiere a Cristo y se autodenomina cristiana, pero ¿de qué Cristo y de qué cristianismo habla?

1. Único en Su persona

Las preguntas sobre Cristo no son nuevas. En un episodio de Su vida, el propio Jesús les preguntó a Sus amigos: «¿Quién dicen los hombres que es el Hijo del Hombre?» (Mat. 16:13). La identidad de Jesús siempre ha suscitado discusiones entre Sus seguidores. Sin embargo, Jesús también preguntó: «Y ustedes, ¿quién dicen que soy Yo?» (v. 15). Hablar de Jesús no es hacerlo en abstracto o en términos generales, como si se tratara de lo que piensan los demás. Jesús quiere que la pregunta sea personal y motivadora. Es como si dijera: «No me basta con saber lo que dicen los demás, sino que quiero saber lo que tú piensas de mí». ¿Qué piensas de Jesús? Este es el punto que realmente le interesa.

Inmediatamente después de la vida, muerte y resurrección de Jesús, la Iglesia se dio cuenta de que estaba tratando con una persona única. Jesús es una persona única. Por un lado, era y es Dios, verdaderamente Dios, plenamente Dios. Al afirmar ser el Hijo de Dios, uno con el Padre y desde el principio con Dios, Jesús tenía que ser reconocido como Dios mismo.

Sus poderosas obras —milagros, sanidades y resurrección de entre los muertos— demostraron que la omnipotencia divina actuaba en Él. Jesús no es solo un semidios, no solo un profeta, ni siquiera un profeta inspirado, sino Dios. Esto estuvo claro desde el principio.

Por otra parte, Jesús había sido hombre, verdaderamente hombre, plenamente hombre. Nació, tenía un cuerpo, comía, dormía, se lavaba, lloraba y caminaba. Se lo podía tocar para comprobar que tenía un cuerpo de carne y hueso. No era un fantasma ni una aparición, sino una persona real. Dios verdadero, por un lado; hombre verdadero, por otro: nacido, levantado, muerto, resucitado y ascendido al cielo.

Aquí radica la singularidad de Su persona. Nunca ha existido ni existirá otro igual a Él. Es Dios que nos habla de Dios, actúa como Dios y se mueve como Dios. Se hizo hombre para identificarse con nosotros y actuar en nuestro favor. Solo Cristo lo ha hecho. Entre todas las figuras religiosas del mundo que se encuentran en el Panteón o en los templos del Foro Romano, entre todos los profetas de las religiones del mundo, entre todos los héroes de las culturas de la tierra, Jesús es el único que resumió en Su persona la divinidad y la humanidad, el ser pleno de Dios y el ser pleno del hombre. Él es el Verbo hecho carne (Juan 1:14). Es el Hijo de Dios, que vino a salvar al mundo. La Iglesia tuvo que aceptar inmediatamente la unicidad de Su persona divina y humana.

Cristo se convertiría en el centro del mensaje evangélico que se irradiaría a todo el mundo. En obediencia al mensaje de la Biblia y en continuidad con la iglesia primitiva, hace 500 años, Lutero y la Reforma protestante reafirmaron la centralidad de Cristo. Solo Cristo había sido hombre y Dios al mismo tiempo. Quizás no sea un lenguaje con el que estés familiarizado, o tal vez pienses que no marca la diferencia en tu vida. ¿Estás seguro? Hay decenas de personas en esta iglesia que han encontrado en Jesús, verdadero hombre y verdadero Dios, a Aquel que cambió sus vidas. ¿No merece la pena prestar atención a Su persona?

2. Único en Su obra

Lo que estaba en el centro de la Reforma hace 500 años era otra piedra angular del mensaje bíblico. Solo Cristo es Dios-hombre en una persona viva, por lo que solo Cristo es el Mediador entre Dios y el hombre. ¡Como Dios-hombre, no hay nadie más que Él que pueda conducirnos, guiarnos y llevarnos a Dios!

Se trataba de una enseñanza oscurecida en aquella época. Junto con Cristo o como alternativa a Cristo, los cristianos se habían dirigido a los santos para recibir gracia y bendiciones. Los santos eran figuras heroicas de la historia cristiana a las que se atribuía la capacidad de mediar, es decir, de ser intermediarios entre Dios y los fieles. Gracias a sus vidas heroicas, se habían ganado el reconocimiento como mediadores y se recomendaba a los fieles que confiaran en ellos para obtener gracia. Además de los santos, la figura de María como mediadora había adquirido un lugar destacado en la Iglesia medieval. No la María que se presenta en la Biblia, la madre de Jesús: una persona especial, ciertamente, pero como el resto de nosotros, hombres y mujeres pecadores. En la vida de tantos que no leían la Biblia, sino que confiaban en sus devociones, María había sido inflada hasta el punto de convertirse en otra mediadora, una madre que dispensa la gracia de Dios a sus hijos. En lugar de dirigirse solo a Cristo, verdadero hombre y verdadero Dios, muchos se dedicaron a una comprensión anormal e inflada de María, pensando que ella protegería y bendeciría sus vidas.

La Reforma pretendía ser un fuerte llamado profético a la Iglesia. Advertencia: la vida cristiana profesa que Jesús es hombre y Dios y confía en Jesús como único mediador entre Dios y el mundo. Si Jesús era verdaderamente hombre, que dio Su vida por nosotros y resucitó de entre los muertos, ¿por qué confiar en los santos que no pueden hacer nada por nosotros y, además, murieron y fueron enterrados como todos los demás? Si Jesús era verdaderamente Dios que se hizo carne para ser el camino, la verdad y la vida, ¿por qué confiar en María, que es una criatura como las demás y que, por muy ejemplar que fuera su vida, no puede hacer nada por nosotros, ya que murió como todos los demás? ¿Por qué buscar la mediación de otros si Jesús fue el único Dios-hombre y es el único mediador?

En la plaza de San Pedro, hay una poderosa ilustración de la religiosidad a la que el evangelio quiere llevar la reforma bíblica. Allí en la plaza, en la columnata de Bernini, hay decenas de estatuas de santos a medio camino entre la gente y el cielo. Esas estatuas representan a los santos visibles a los que la gente puede acudir. Dios es invisible, pero los santos son visibles. Dios está lejos, pero los santos están cerca. ¿Entiendes lo que está en juego aquí? ¿Qué pasa con Cristo? ¿Qué pasa con la cruz de Cristo? ¿Y la singularidad de Su persona y de Su obra? Solo Cristo es el Salvador, y solo Él es el Mediador. Solo Él es la persona por la cual podemos ser salvos. La Biblia dice que debemos imitar la fe de los que han vivido para Dios (Heb. 13:7), pero nunca dice que recurramos a ellos como mediadores. No pueden hacer nada por nosotros, porque no han hecho nada por nuestra salvación. También ellos, como nosotros, dependen en todo solo de Cristo. Solo Jesús, como Dios y hombre, dio Su vida para que los que creen en Él no perezcan, sino que tengan vida eterna.

3. ¿Es único en tu vida?

«Solo Cristo» es una piedra angular de la fe cristiana. En la actualidad, muchas personas cuestionan su singularidad de dos maneras. Primero, creyendo en nosotros mismos como nuestro propio dios. Podemos pensar que somos los dueños absolutos de nuestras vidas y que somos divinos. En lugar de reconocer solo a Cristo como Dios-hombre, muchos se creen su propio dios. No «solo Cristo» sino «solo yo» es la religión de nuestro tiempo. ¿Estás entre los adeptos a esta religión? ¿Crees que eres tu propio dios? Debes saber que esto es un engaño, una mentira mortal. No te salvarás a ti mismo, y tus ilusiones de salir adelante por ti mismo pronto darán paso a la trágica realidad de la muerte. Solo en Cristo, Dios hecho hombre, hay salvación para los que creen.

La segunda forma en que se cuestiona el «solo Cristo» es mediante la adición de mediadores humanos al único mediador que tenemos. En lugar de tener a Cristo como único mediador, muchos buscan otros pseudomediadores, creyéndolos más cercanos y a mano. En Italia, la mayoría de las personas que se autodenominan religiosas son en realidad devotos de otras figuras que distraen de Cristo y desvían su fe de estar basada únicamente en Él. En Roma, estas dos alternativas a la centralidad de Cristo son las más poderosas: mucha gente se cree su propio dios o confía en otros mediadores. ¿Estás entre ellos?

Hace 500 años, la Reforma llamó a todos a volver a la Biblia como autoridad suprema para la vida y llamó a todos a creer solo en Cristo para salvarse. Ahora, la fe cristiana se sostiene o se cae en lo que Martín Lutero escribió en su *Catecismo Menor* de 1529:

> Creo que Jesucristo, verdadero Dios, engendrado del Padre en la eternidad, y también verdadero ser humano, nacido de la virgen María, es mi Señor. Me ha redimido a mí, un ser humano perdido y condenado. Me ha comprado y liberado de todos los pecados, de la muerte y del poder del diablo, no con oro ni plata, sino con Su santa y preciosa sangre y con Su sufrimiento y muerte inocentes. Él ha hecho todo esto para que yo pueda pertenecerle, vivir bajo Él en Su reino y servirlo en eterna justicia, inocencia y bienaventuranza, así como Él ha resucitado de entre los muertos y vive y gobierna eternamente. Esto es muy cierto. (El segundo artículo: La redención)[2]

Amén. ¿Puedes decirlo para ti?

Apéndice 2

Recursos útiles

Sitio web:

Two Ways to Live
https://twowaystolive.com/

> No está diseñado específicamente para católicos, pero es muy pertinente para las conversaciones evangélicas con católicos.

Cursos

Mark Gilbert, *The God Who Saves* [El Dios que salva] (Kingsford: Matthias Media, 2006)

> Cinco estudios bíblicos para personas como los católicos sinceros que piensan que la fe es importante.

Timothy Keller, *El Dios pródigo. Recuperemos el corazón de la fe cristiana* (Colombia: Poiema Publicaciones, 2023).

> Jesús revela la gracia pródiga de Dios tanto hacia los no religiosos como hacia

los moralistas. Este libro desafiará tanto al católico devoto como al católico escéptico a ver el cristianismo de una forma totalmente nueva.

La esperanza explorada
https://www.christianityexplored.org/courses/hope-explored/

A lo largo de tres sesiones, *Hope Explored* [La esperanza explorada] presenta la vida, muerte y resurrección de Jesús y brinda la oportunidad de descubrir cómo satisface tres grandes anhelos que todos experimentamos: el anhelo de esperanza, paz y propósito.

Videos

Talking with Catholics about Jesus [Cómo hablar con los católicos sobre Jesús]
Mark Gilbert, Simon Cowell, Chris Overhall
https://matthiasmedia.com.au/products/talking-with-catholics-about-jesus

Este curso de video con cuaderno de ejercicios es una oportunidad para que los grupos pequeños y los individuos comprendan mejor a sus parientes, amigos y vecinos católicos y tengan grandes conversaciones con ellos sobre Jesús.

Truth Unites [La verdad une]
Gavin Ortlund
https://truthunites.org/videos/

> Truth Unites ofrece recursos sobre historia de la Iglesia, teología, filosofía y apologética, muchos de los cuales son útiles para las conversaciones con los católicos.

Notas

Introducción

1. Son personas reales, pero los nombres han sido cambiados.

Capítulo 1

1. Para un resumen: https://www.sbts.edu/news/in-presidential-address-mohler-outlines-four-temptations-facing-the-evangelical-theological-society/ (consultado el 26 de junio de 2024).

2. Ver mis artículos «Christian Unity vis-à-vis Roman Catholicism: a Critique of the Evangelicals and Catholics Together Dialogue», *Evangelical Review of Theology* 27:4 (2003), págs. 337-352 y «Evangelicals and Catholics Together (1994-2015)», *Vatican Files* (9 de marzo de 2015) https://vaticanfiles.org/en/2015/03/103-evangelicals-and-catholics-together-1994-2015/ (consultado el 26 de junio de 2024).

3. George Weigel, *Evangelical Catholicism. Deep Reform in the 21st Century Church* (Nueva York, NY: Basic Books, 2013). Ver mi crítica, Leonardo De Chirico, *Palabras iguales, mundos diferentes. ¿Creen los católicos romanos y los evangélicos en el mismo evangelio?* (Nashville, TN: B&H Español, 2024), págs. 25-29.

4. Edición en español: Karl Adam, *La esencia del catolicismo* (Buenos Aires, Argentina: Librería Editorial Santa Catalina, 1940).

5. Romano Guardini, *Von Wesen katholischer Weltanschauung* (Basel: Hess, 1953).

6. Edición en español: Henri De Lubac, *Catolicismo: Aspectos sociales del dogma.* (Buenos Aires, Argentina: Ediciones Encuentro, 2019).

7. Edición en inglés: Hans Urs von Balthasar, *In the Fullness of Faith: On the centrality of the distinctively catholic*, trad. E.T. Oakes (San Francisco, CA: Ignatius Press, 1988).

8. Edición en español: Walter Kasper, *Iglesia católica. Esencia, realidad, misión.* (Salamanca, España: Ediciones Sígueme, 2013).

9. Para presentaciones útiles de doctrinas y prácticas católicas romanas desde una perspectiva protestante, ver Ray Galea, *Nothing in My Hand I Bring. Understanding the Differences between Roman Catholic and Protestant Beliefs* (Kingsford: Matthias Media, 2007); Norman Geisler, Ralph MacKenzie, *Roman Catholics and Evangelicals. Agreements and Differences* (Grand Rapids, MI: Baker Books, 1995); R.C. Sproul, *¿Estamos juntos en verdad? Un protestante analiza el catolicismo romano* (Buenos Aires, Argentina: Publicaciones Faro de Gracia, 2019); Gregg R. Allison, *40 Questions About Roman Catholicism* (Grand Rapids, MI: Kregel, 2021).

10. El texto puede consultarse en *Biblioteca della Riforma italiana*, ed., Enrico Comba (Florencia: Claudiana, 1883), pág. 81.

11. Más sobre esto en mi guía *A Christian Pocket Guide to the Papacy. Its origin and role in the 21st century* (Fearn: Christian Focus, 2015).

12. *Catechism of the Catholic Church* (1992), n.º 882. Ver: https://www.vatican.va/archive/ENG0015/__P2A.HTM (último acceso: 6 de agosto de 2024).

13. *Catechism of the Catholic Church* (1992), n.º 937. Ver: https://www.vatican.va/archive/ENG0015/__P2A.HTM (último acceso: 6 de agosto de 2024).

14. Gregg R. Allison, *Roman Catholic Theology and Practice. An Evangelical Assessment* (Wheaton, IL: Crossway, 2014), págs. 42-67.

15. Joseph McLelland, *The Visible Words Of God: An Exposition Of The Sacramental Theology Of Peter Martyr Vermigli, A. D. 1500-1562* (Edimburgo: Oliver and Boyd, 1957).

16. Vittorio Subilia, *La nuova cattolicità del cattolicesimo* (Torino: Claudiana, 1967).

17. Alianza Evangélica Italiana, «An Evangelical Approach Towards Understanding Roman Catholicism», *European Journal of Theology* X (2001), págs. 32-35.

18. *Ibid.*

Capítulo 2

1. Esta sección es un resumen de mi artículo «To Be Or Not To Be: Exercising Theological Stewardship Of The Name Christian», *Foundations. An International Journal of Evangelical Theology* N.º 82 (primavera de 2022), págs. 8-22.

2. John Stott argumenta acertadamente que «Lucas se ha referido hasta ahora a ellos como "discípulos" (6:1), "santos" (9:13), "hermanos" (1:16; 9:30), "creyentes" (10:45), "los que iban siendo salvos" (2:47) y "algunos que pertenecieran al Camino" (9:2)». Ver John R.W. Stott, *The Message of Acts* (Leicester: IVP, 1990), pág. 205.

3. James I. Packer, *I Want to Be a Christian* (Wheaton, IL: Tyndale House Publ., 1977), pág. 140.

4. Ver «The Lausanne Covenant» (1974) en J. D. Douglas (ed.), *Let the Earth Hear His Voice. A Comprehensive Reference Volume on World Evangelization* (Minneapolis, MN: World Wide Publ., 1975), pág. 4. Ver también https://lausanne.org/statement/lausanne covenant#cov (último acceso: 6 de agosto de 2024).

5. John Stott, *Christ the Controversialist. The Basics of Belief* (Leicester: IVP, 1970, 1996), págs. 109-110.

6. Sobre *hapax* y *mallon* como categorías definitorias para la teología evangélica, ver John Stott, *Evangelical Truth: A Personal Plea for Unity* (Leicester: InterVarsity Press, 1999).

7. *Christian Witness to Nominal Christians Among Roman Catholics* (Lausanne Occasional Papers 10, 1980) https://www.lausanne.org/content/lop/lop-10 (consultado el 26 de junio de 2024).

8. Aquí utilizo material ya presentado en mi artículo «Salvation Belongs to the Lord: Evangelical Consensus in Dialogue with Roman Catholicism», *Evangelical Review of Theology* 39:4 (2015), págs. 292-310.

9. D.W. Bebbington, *Evangelicalism in Modern Britain. A History from 1730s to the 1980s* (Londres: Unwin Hyman, 1989). Sobre la concepción general que Bebbington tiene del evangelicalismo, ver la reciente y útil discusión crítica en Michael A.G. Haykin - Kenneth J. Stewart (eds.), *The Emergence of Evangelicalism. Exploring Historical Continuities* (Nottingham: Apollos, 2008).

10. John Stott, *Christ the Controversialist*, cit., pág. 33. En el mismo libro, Stott sostiene que el cristianismo evangélico es «teológico», «bíblico», «original» y «fundamental», págs. 27-46.

11. Hay un estudio reciente sobre «nacer de nuevo» de John Piper, *Finally Alive. What Happens When We Are Born Again* (Fearn: Christian Focus, 2010).

12. Stephen R. Holmes, «Evangelical Doctrine: Basis for Unity or Cause of Division?», *Scottish Bulletin of Evangelical Theology* 30:1 (2012), pág. 64.

13. Klaas Runia, «What is Evangelical Theology?», *Evangelical Review of Theology* 21:4 (1997), pág. 299. Ver también David Wells, *Turning to God. Biblical Conversion in the Modern World* (Exeter: Paternoster, 1989).

14. James I. Packer; Thomas C. Oden, *One Faith. The Evangelical Consensus* (Downers Grove, IL: IVP, 2004), pág. 160.

15. Cabe señalar que la cosmovisión de la «oración del pecador» es un tema de creciente malestar en los círculos evangélicos. Se la considera demasiado simplista, demasiado individualista, demasiado modernista, demasiado superficial, demasiado cercana a los patrones culturales occidentales de procesos individuales de toma de decisiones y alejada de otros patrones culturales, etc. Dicho todo esto y siendo conscientes de sus debilidades (ver el editorial de septiembre de 2012 de Christianity Today. http://www.christianitytoday.com/ct/2012/september/the-evangelical-jesus-prayer.html, consultado el 27 de junio de 2024), la

«oración del pecador» es un «monumento» de la espiritualidad evangélica actual con el que hay que lidiar.

16. Este aspecto está bien presentado en el documento de la Alianza Evangélica Mundial de 1996 sobre el catolicismo romano: Paul Schrotenboer (ed.), *Roman Catholicism. A Contemporary Evangelical Perspective*, (Grand Rapids, MI: Baker, 1987), párr. 8.

17. Henri Blocher, «The Nature of Biblical Unity» en J. D. Douglas (ed.), *Let the Earth Hear His Voice. A Comprehensive Reference Volume on World Evangelization*, cit., pág. 390. Aquí Blocher se refiere al sacramento del bautismo, pero su argumento puede extenderse al conjunto de los sacramentos.

18. John Stott, *Christ the Controversialist*, págs. 120-121.

19. Ver mi libro *Palabras iguales, mundos diferentes. ¿Creen los católicos romanos y los evangélicos en el mismo evangelio?* (Nashville, TN: B&H Español, 2024), págs. 41-48.

20. John Stott, *Evangelical Truth*, págs. 34-38. He aplicado esta distinción al evaluar el lenguaje católico romano de la «prolongación» de la encarnación, la «representación» de la eucaristía y el tiempo «dinámico» del Apocalipsis: ver «The Blurring of Time Distinctions in Roman Catholicism», *Themelios* 29:2 (2004), págs. 40-46.

21. Para una discusión introductoria sobre las diferentes teologías del universalismo, ver James I. Packer, «Evangelicals and the Way of Salvation» en K. S. Kantzer; C. F. H. Henry (eds.), *Evangelical Affirmations* (Grand Rapids, MI: Zondervan, 1990), págs. 107-136.

22. Karl Rahner, *Theological Investigations*, vol. 6, trad. Karl y Boniface Kruger (Baltimore: Helicon, 1969), pág. 395.

23. *Karl Rahner* en *Dialogue: Conversations and Interviews, 1965–1982*, editado por P. Imhof y H. Biallowons (Nueva York, NY: Crossroads, 1986), pág. 207.

24. Como bien argumenta Pietro Bolognesi, «Catholicisme romain et protestantisme évangélique: réconciliation, mais sous quelles conditions?», *La Revue Réformée* N. 263 (2012/4).

25. «The Lausanne Covenant» (1974) en J. D. Douglas (ed.), *Let the Earth Hear His Voice. A Comprehensive Reference Volume on World*

Evangelization, cit., pág. 4. Ver también https://lausanne.org/statement /lausanne-covenant#cov (último acceso: 6 de agosto de 2024).

26. Ídem, pág. 6.

27. https://isthereformationover.com/ en varios idiomas (último acceso: 26 de junio de 2024). Para una presentación reflexiva del significado teológico y la relevancia actual de las cinco solas de la Reforma, ver Kevin J. Vanhoozer, *Biblical Authority After Babel. Retrieving the Solas in the Spirit of Mere Protestant Christianity* (Grand Rapids, MI: Brazos, 2016).

Capítulo 3

1. Timothy Keller, *Center Church* (Grand Rapids, MI:) Zondervan, 2012), pág. 89.

2. Keller, *Center Church*, pág. 90.

3. Chris Castaldo, *Talking with Catholics about the Gospel: A Guide for Evangelicals* (Grand Rapids, MI: Zondervan, 2015).

4. Tengo que decir que me cuesta aceptar la categoría de «católicos evangélicos». Para mí, es un oxímoron. Castaldo define acertadamente el evangelicalismo en términos teológicos al referirse al *Pacto de Lausana* de 1974 como documento evangélico representativo. Lausana destaca la autoridad de las Escrituras, la unicidad de Jesucristo, la salvación solo por gracia mediante la fe, la necesidad de conversión, el compromiso con la evangelización y la misión. Si este es el significado de evangélico (y estoy totalmente de acuerdo con él), entonces esta categoría de «católico evangélico» se desmorona. Según *este* significado de evangélico, o eres evangélico o eres católico romano. No puedes ser ambas cosas.

5. Ray Galea, *Nothing in my hand I bring. Understanding the difference between Catholic and Protestant beliefs* (Kingsford: Matthias Media, 2007), págs. 24-27.

6. En otro libro, Castaldo da consejos útiles sobre cómo hacerlo. Entre ellos: «no seas un pit bull», «no intentes llevar gente al reino a través del debate», «cuidado con la intensidad emocional», «no pierdas de vista lo más importante»: Chris Castaldo, *Holy Ground. Walking with*

Jesus as a former Catholic (Grand Rapids, MI: Zondervan, 2009), págs. 172-182.

7. Gregg R. Allison, *40 Questions about Roman Catholicism* (Grand Rapids, MI: Kregel, 2021), pág. 321.

8. Castaldo, *Talking with Catholics about the Gospel*, pág. 87.

9. Keller, *Center Church*, pág. 130. Quiero dar las gracias a mi amigo y colega Clay Kannard por señalarme la importancia de estas gramáticas para la evangelización.

10. Keller, *Center Church*, pág. 131.

11. Daniel Strange, *Making Faith Magnetic* (Epsom: The Good Book Company, 2021). Hay que tener en cuenta que Strange extrae y desarrolla los cinco puntos a partir de la obra del misiólogo holandés Johan Herman Bavinck (1895-1964), cuyos muchos años de experiencia misionera en Indonesia han sido una fuente de preciosas intuiciones misiológicas.

12. *Ibid.*, pág. 27.

13. *Ibid.*, pág. 88.

14. *Ibid.*, pág. 89.

15. *Ibid.*, pág. 93.

16. Mark Gilbert con Cecily Paterson, *The Road Once Travelled. Fresh Thoughts on Catholicism* (Kingsford: Matthias Media, 2010), págs. 56-57.

17. Ray Galea, *Nothing in my hand I bring*, pág. 27.

18. Timothy Keller, *El Dios pródigo. Recuperemos el corazón de la fe cristiana* (Colombia: Poiema Publicaciones, 2023).

19. Luca Diotallievi, *Fine corsa. La fine del Cristianesimo come religione confessionale* (Bolonia: EDB, 2017).

20. Entre los libros que contienen testimonios de conversión de católicos romanos se encuentran Richard Bennett, Martin Buckingham (eds.), *Lejos de Roma, cerca de Dios: Los testimonios de cincuenta y cinco sacerdotes católicos romanos convertidos* (Grand Rapids, MI: Editorial Portavoz, 2000); Richard Bennett, Glenn Diehl (eds.), *On the Wings of Grace Alone. The testimonies of thirty converted Roman Catholics* (Port St Lucie, FL: Solid Ground Christian Books, 2015); y Mark Gilbert (ed.),

Stepping Out in Faith. Former Catholics tell their Stories (Kingsford: Matthias Media, 2012).

Capítulo 4

1. Sobre la doctrina católica romana de la regeneración, ver mi libro *Palabras iguales, mundos diferentes. ¿Creen los católicos romanos y los evangélicos en el mismo evangelio?* (Nashville, TN: B&H Español, 2024), págs. 52-56.

2. Francis Schaeffer, *Plan for Action* (Old Tappan, NJ: Flemming H. Revell, 1980), pág. 68. Schaeffer habló de la cobeligerancia en el segundo capítulo de las varias ediciones de su libro *The Church at the End of the Twentieth Century* (1970).

3. *Catholica. Cum ecclesia et cum mundo* (Padua: Messaggero, 2004). En este libro, Scognamiglio argumenta a favor de un significado inclusivo y absorbente de lo que significa para la Iglesia católica romana ser «católica».

4. https://isthereformationover.com/ (último acceso: 26 de junio de 2024).

5. Ver mi libro de bolsillo: *María: ¿Madre de Dios?* (Ciudad Real, España: Editorial Peregrino: 2019).

6. Más información en Leonardo De Chirico y Mark Gilbert (eds.), *The Nicene Creed. Can evangelical and Roman Catholics profess it together?* (Kingsford: Matthias Media, 2024).

7. Más sobre esto en mi libro *Palabras iguales, mundos diferentes*, págs. 50-52.

8. Alianza Evangélica Italiana, «An Evangelical Approach Towards Understanding Roman Catholicism», *European Journal of Theology* X (2001), págs. 32-35.

Apéndice 1

1. Este sermón fue predicado en la iglesia Breccia di Roma el 19 de marzo de 2017 con motivo del quingentésimo aniversario de la

Reforma protestante y como parte de una serie de sermones sobre las cinco Solas de la fe evangélica: Solo la Escritura, solo la Gracia, solo la fe, solo Cristo y solo a Dios la gloria.

2. Martín Lutero, *Small Cathechism* (1529), «The Second Article: Redemption»; https://catechism.cph.org/en/creed.html (último acceso: 28 de junio de 2024).

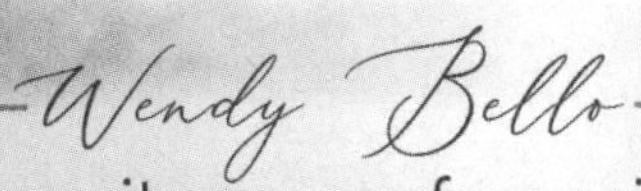

Es escritora, conferencista
y maestra de la Biblia.
Ella conecta la Palabra de Dios
con la vida de cada mujer que
desea vivir para el Reino de Dios.

9781535936552

9781535997171

9781535999854

9781087750446

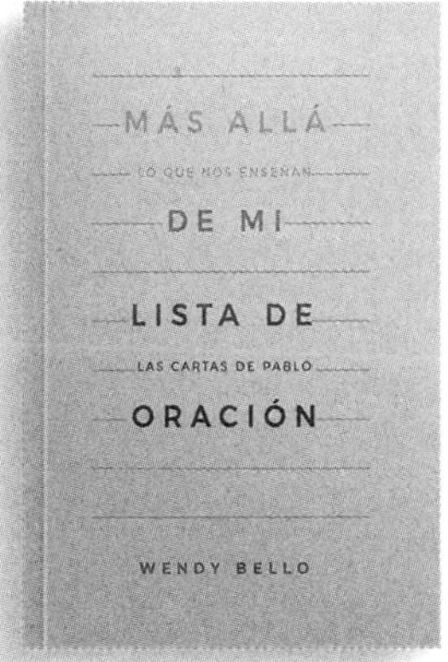

9781087750460

Encuentra todos sus libros en
tu librería o tienda digital favorita.

lifewaymujeres.com

Lifeway
mujeres